高寶書版集團

生活勵志 055

懂得轉彎 當然無處不歡

暢銷心靈作家
何權峰／著

自序

懂得轉彎，當然無處不歡

何權峰

坐雲霄飛車可怕恐怖，也可以是好玩刺激。

旅遊遇到大雨，是煞風景，也可以是另有一番風景。

上司交代工作，是在找你麻煩，也可以是給你表現的機會。

拔掉一顆牙很痛，卻也是痛苦解除。

你知道我指的是什麼嗎？

人生都是自己創造的。它可以是美好的，也可以是悲慘的，全在你的一念間。

常有人問我：「世界為什麼有那麼多問題和痛苦，人為什麼有那麼多煩惱和衝突？」這些所謂的「苦」是從何而來？我們一般都認為是因為命不好、運氣不好、境遇不好、周圍的人不好，所以我不好，把所有的問題都導向外在。如果外在問題解決了，我就會變好，但事實真是這樣嗎？

一直以來，人們就是這樣搞錯的。他們想改變世界——想改變伴侶、改變婆媳、改變孩子、改變這個、改變那個……但卻從來沒有成功過。因為外在的一切都是內在創造的。

印度靈性大師古儒吉說得好：「如果你懂得划船，那麼任何一條船你都會划。如果你不懂得划船，換一條船也沒有用。換一個關係並不能解決關係的問題，任何關係遲早都要進入同樣的一個情境裡。」

如果你不快樂，你認為換個地方，換工作、換車子、換房子，換個男人或女人，你就會快樂嗎？不，你永遠逃脫不了自己，不管你去那裡，你都帶著自己，你的臉以及頭腦，你內心的想法，也會反映在你的生活和言行上。

問題不在外在的世界，而在你的內心。心念改變了，自己才會改變；自己改變了，和周圍人事物之間的相處及關係也會改變；而關係改變了，人生也就隨之改變。這就是「轉彎」的智慧。

有時你似乎改變不了任何事。但有時，只要轉個念頭，馬上海闊天空。

深呼吸一口氣，聆聽遠處的鳥鳴，看著湛藍清澈的天空，一朵孤獨的浮雲，緩緩飄過天際，那些不愉快的事在這一刻不都隨風而逝了嗎？

世界不一定會變更好，但是你會。懂得轉彎，人生無處不歡。

目錄

自序　懂得轉彎，當然無處不歡　002

Part 1
懂得放下的人
得到輕鬆

早知道　010
走錯路　013
精彩人生　016
痛改　019
苦是怎麼來？　022
痛苦就是提醒你該放下了　026

Part 2
懂得滿足的人
找到幸福

多少才滿足？　032

有什麼好比？ 035
不必羨慕人 038
缺點也是優點 041
嫉妒心 046
煩惱是幸福的 050

Part 3 懂得自尊的人／學會自愛

歡喜做自己 056
你顧慮什麼？ 060
你有「自尊」嗎？ 064
有人逼你嗎？ 068
我都是為了你 072
愛的第一堂課 076

Part 4 懂得轉變的人 無須爭辯

以人為鏡 082
為什麼他老是這樣？ 086
讓你好過，我也好過 090
誰說事情「應該」這樣？ 094
你對，不代表別人錯 098
不要相信你所想的 102

Part 5 懂得種花的人 省得拔草

何必選擇生氣？ 108
情願挨罵 112
好態度，好人生 116
多去種花，不是一直拔草 120

為自己擁有的歡喜而活 124
不抱怨的生活 128

Part 6
懂得失去的人 必有所得

緣起緣滅 134
悲慘遭遇變美好回憶 137
那不叫做失敗 141
你怕什麼？ 146
失去，你得到什麼？ 150
無常，發現可能 154

Part 7
懂得接受的人 沒有紛擾

不要先有預期 160

是誰有問題？ 164
你能控制的就是自己 168
為何失望？ 172
愛上幻象 175
為什麼我要讓自己不快樂？ 178

Part 8
懂得遺忘的人
雨過天晴

如何解心頭之恨？ 184
過了就算了 188
受苦多久，由你決定 192
想太多 195
把自己，交給上天 200
此事亦將會過去 204

Part 1 懂得放下的人得到輕鬆

當你痛苦時，
想想看，這苦可以減輕你的痛嗎？
會改善你的處境嗎？
生命中的痛苦，我們本來就必須承受，
但是因為想法所追加的痛苦，
卻是沒必要的，何必自討苦吃？

早知道

「早知道我就……」每次聽到有人自責懊惱的說出這句話，我總是帶著笑，心裡浮現起朋友常說的話：「早知道我就發了。」因為說這句話的人真能早知道的話，如今又何必懊悔呢？

千金難買早知道，萬事皆因沒想到，要能早知道樂透就簽那幾號就好了，輕輕鬆鬆幾億元入袋，不就發了？

沒有人能早知道。如果當初知道要「這麼做」，你就不會「那麼做」。

你做錯了事、說錯了話、下錯了決定、選錯了工作、愛錯了人、買錯了股票……你自責，要是當初你沒那麼做，就不會發生這種事。你懊惱，假如那時你早點發現，也就不會變成這樣。你不斷追悔，早知道你就……。但你沒試過，你又怎麼知道？

教小孩知道爐子很燙不可以碰，小孩卻要等到碰到爐子才知道痛。人生永遠都是事後才有所體會，出錯才發現自己不知道的事，這就是領悟。

現在你覺得後悔，你說：「如果我那時就知道現在明白的事就好了！」這種領悟，不就是過去的「無知」所開展出來的？

沒有迷，就沒有悟。鬧鐘不響不鬧就不會知道時間已經不早了。所以無須懊悔自責！要知道，多一分鐘在懊惱問題，就少一分鐘解決問題；多一分鐘在自責，就少一分鐘負起責任。

有句話說得好：「因為有了因為，所以有了所以。既然已成既然，何必再說何必。」既然太陽走了就走了，可別再錯過月亮和群星。

你永遠不可能回到以前，就算真的回到以前，你還是一樣的，你還是會犯同樣的錯，因為你當時並不知道，對嗎？

如果當時你就知道，也就不會說「早知道」。

走錯路

究竟，什麼是錯誤的決定？如果你選擇了一條路，然後你經歷一段艱辛的歷程，就表示你做了錯誤的決定嗎？

一條比較輕鬆、比較好走的路，就是最好的選擇嗎？這實在是值得我們深思。

人總是在諸多的選擇當中徘徊、舉棋不定，之所以無法決定是因為我們怕犯錯，「萬一錯了，要是結果不如預期怎麼辦？」人生一路行來，我們持續地聽到許多人不斷在後悔，如果當初我讀別的科系，如果我沒離開那家公司，如果我跟另一個人結婚，如果我沒生小孩，如果我……。

不可否認地，如果前面所說那些「如果」真的發生了，那麼我們的人生可能會大不相同，但有誰能保證就是最好的？

當你選擇一條路，就永遠無法確定選另一條路的結果。就像從台北到宜蘭，你選擇走濱海公路，可以沿途欣賞美景，如果你嫌砂石車多，又費時耗油，當然會後悔：「當初應該走國道或北宜才對。」但這樣真的就對嗎？未必，你也可能遇到國道大塞車，或受不了北宜公路「九彎十八拐」，懊惱自己走錯路。

人生一路行來，我常想，到底有沒有一條叫做「錯」的路呢？一條路走的人多了，總是塵土飛揚，擁擠不堪，換條路走走，走出來就是你的路。

當你懷著一顆旅人的心，便無處不可遊、無景不可賞，也就沒有所謂的走錯路，因為不管到哪都是一種風景，不是嗎？

當你開車向前行駛時，必須緊盯著前方的道路，而不是頻頻
回顧已經駛過的路。
你是看後照鏡開車嗎？

精彩人生

假如你和某人相戀，當你知道你們將來會分手，你還會跟他交往嗎？

假如你想創業，你預知會歷經許多艱難波折，你還會去做嗎？

假如你已知道自己的死期，你還會有心情慶生嗎？

我想，多數人的答案應該都是否定的。

還好，我們並不知道。如果我們事先都知道，人生就沒有劇情、沒故事了。

許多美好經驗都是不能預先安排的，而它們之所以讓你永難忘懷，也就是因為那些都是意料之外。

波蘭女詩人辛波絲卡在〈一見鍾情〉詩中這麼寫著：「他們彼此深信，是瞬間迸發的熱情讓他們相遇，這樣的篤定是美麗的，但變幻無常更為美麗……」

聽成功創業者演講或接受採訪時，也常聽到類似的話：「要是我知道自己原來什麼都不懂，或許我根本不敢創業。」或是說：「要是我知道創業有多辛苦，我也許就不想創業了。」不過，最後他們通常會補充說：「我很慶幸自己當初不知道這些事，要是我當初知道這些事，可能就沒有今天的成就。」

人生因不確定而精彩。有的事我們稱作好事，有的事我們稱作壞事，但到底是幸或不幸，其實我們都不知道。你也許認為某事是天上掉下來的禮物，然而你並不知道接下來會如何發展；某事讓你覺得挫折沮喪，但最終如何你並不知道。

每個人的一生都不是直的，都充滿曲折變化，這變化代表了一個人的人生有多豐富？有多戲劇性？有多麼高潮起伏？有多麼值得回味？

我不確定未來會如何，但我很確定我不要過一成不變的日子、一成不變的生活、一成不變的自己，那多無趣啊！

其實，在這世上的所有人事物，不管我們擁有什麼，失去是早已注定的，只是不知道會在什麼時候，大家才如此積極進取。

其實，我們一出生就被判了死刑，只是不知道會在哪一天以什麼方式，而也就是這種「無知」，讓我們對生命懷抱希望。

所以，你只管負責精彩，其他就交給老天安排吧！

你只想安全舒適，你願意你的人生就在客廳、餐廳及臥房中度過嗎？

你想一帆風順，但如果你的人生風景，從路頭就能看到路尾，不是很無趣？

痛改

那是一個很冷的夜裡，我迷迷糊糊醒來，心裡頭叨唸著未了的工作，於是決定起來繼續完成它。

在神志不清的狀態下，我想沖杯茶提神。待茶泡好倒入杯裡，一時疏忽沒注意到因天冷，杯子拿起來是溫的，我一口就往嘴裡倒，啊！頓時整個舌頭刺痛發麻。突然間，我完全清醒了。

原來，痛是會喚醒人心的。人們常說「痛改」——痛了才會改，不痛，人是很難改的。當我們的腳刺到、踢到、燙到，一定會跑走或跳起來，絕不會繼續待在那裡，任腳疼痛。現在事情已經發生，我們生了一場大病、愛人背叛、工作不保、財務危機、親人走了……每個痛都會迫使我們覺醒並作出改變。

其實，我們有多少人都是渾渾噩噩地在過生活，每個人都將眼前所看到的當作是理所當然，也就是因為有太多的理所當然，所以大家都失去覺知，過著一個沒有心的生活……就像喝醉或打麻醉劑，人沒了意識，也就變得麻木無感。

有位視酒如命的病人，在一場意外後脫胎換骨，他說：「若不是那場意外，我一定還是老樣子。」

還有個病人在住院期間，同時面臨婚變雙重打擊，她傷心欲絕。我告訴她：她所經歷的其實是「重生」的過渡期。

傷痛是一個很好的徵兆，顯示你就要重生。因為痛，我們會清醒；因為清醒，所以改變；因為改變，生命於是向前。

巨痛會帶來巨變。記住，這個痛並不是要你受苦，這是人們一直搞錯的，那些跌跌撞撞，是要來喚醒我們的。因為若不是這樣，你又怎會痛定思痛，痛改前非，你又怎麼可能蛻變？

回想一段你曾經歷過的痛苦時光，那時可能你正遭受責難、挫折、遇到大麻煩，現在請回頭看那段遭遇，是否發覺那些痛讓你成長最快？改變最多？

苦是怎麼來？

窮苦、勞苦、悲苦、念書苦、工作苦、病痛苦、相思苦……人生彷彿充滿各式各樣的苦難，有些人甚至直接認定：「人生即苦」。

你有沒有想過，苦到底是什麼？如果我們身上沒有任何傷口，也沒脫一層皮、少一塊肉，這苦又是怎麼來的呢？

中國人有一句形容詞叫「痛苦」，彷彿意味著只要有「痛」，就一定帶來「苦」。但事實並非如此。「痛」並不等於「苦」。所有動物都會感覺「痛」，只有人類會「苦」。疼痛是身體的感覺，而受苦是隨之而起的心理反應。像單純手被燙到、刺到，腳趾頭踢到桌腳、不小心被門夾到，或是嘴巴內長了個小瘡等，都可能引起劇痛，然而我們卻不會覺得苦。

相反地，假如有個人長期腹瀉，卻一直檢查不出來，他倍感困擾：「這會不會是癌症？」就算沒受病痛折磨，他也會很苦悶，對嗎？

苦是源於我們的內心。我們被人責罵或遇到一件不愉快的事，在那一刻裡，我們心裡不舒服，那是正常的反應，然後就事過境遷，情緒也就淡化了。然而許多人卻一再氣惱以前的事，或是擔憂以後會發生的事，煩惱得睡不著，這即是「愁苦」，對嗎？

假設週末我自己一個人在家裡，也許沒有約會，沒有人打電話。我就只是一個人在家罷了。但是如果我想的是：大家都丟下我，沒人愛我，我很孤單和淒涼，心裡就覺得「悲苦」。

你每天上班、上課早習以為常，然而如果你覺得厭惡，就會過得很「辛苦」；你看到有人買一台新手機、新房子，你也想要，但你的錢不夠，你怨嘆自憐，這就感到「窮苦」。當你們情緣已盡，瀟灑說聲再見，內心為什麼痛苦？是因為你認為「我不能失去他」，你一直想著「他怎麼能這樣對我」、「他怎麼可以欺騙我」、「他辜負了我」，是這些在讓你受苦。

沒錯，讓你鬱悶、憤恨、沮喪、痛苦的並不是某人或某事，而是你頭腦的想法，你弄清楚其中的差異了嗎？

所有的苦都是「自己想出來」的。生命中的痛苦，我們本來就必須承受，
但是因為想法所追加的痛苦，卻是沒必要的，何必自討苦吃？

當你痛苦時，想想看，這苦可以減輕你的痛嗎？
會改善你的處境？會改變結果嗎？
你為某人所苦，他的苦有減少？負擔有減輕嗎？
所以，受苦是沒有必要的。

痛苦就是提醒你該放下了

有時候，我懷疑人是不是真的想放下自己的問題。這是真的，人們緊抓著他們的過去不放，他們緊抓著他們的怨恨，他們緊抓著讓他們痛苦的一切不放。

「若不是你緊抓不放，痛苦又怎麼一直存在？」當我這麼說，常有人反問：「為什麼我一定要放下？」有的是疑惑地問，有的是忿怒地問，有的是哀傷地問，更多的是無奈地問。往往，我的回答只是淡然的一句：「緊抓不放會比較快樂嗎？」

有個小孩子看見瓶子裡有糖果，伸手入瓶裡抓糖果，糖果抓到了，手卻拔不出來，急得哭起來，媽媽看見了，告訴孩子放下糖果，手就可以伸出來。

所以，如果你是痛苦的，你要先搞清楚，「是有人抓住你，還是你自己不放手？」能夠看清這點非常重要。

人心是很矛盾的，想要過快樂的日子，卻緊抓著那些讓自己不快樂的事；一面想要幸福美滿，卻一再提起過去的不幸和不滿。就如同想要吃甜瓜，卻在菜園播下苦瓜的種子，還不斷辛勤的澆灌，這不是自討苦吃嗎？

佛說：「苦海無邊，回頭是岸。」這「回頭」指的就是不要纏繞在往事。當你坐木筏渡河時，一到了岸邊，你就得將木筏留在河上，如果你笨笨的，背負著木筏爬山，那只會增加自己無謂的負擔，多傻啊！

你知道要清理過期發臭的垃圾，為什麼不讓自己放下這些不堪回首的沉重包袱？如果你一直扛著不放，又如何活得輕鬆自在？

有個苦者向和尚傾訴他的心事：「我放不下一些事，放不下一些人。」

和尚說：「沒有什麼東西是放不下的。」

他說：「這些事和人我就偏偏放不下。」

和尚讓他拿著一個茶杯，然後就往裡面倒熱水，一直倒到水溢出來。

苦者被燙到馬上鬆開了手。

和尚說：「這個世界上沒有什麼事是放不下的，痛了，你自然就會放下。」

你要問的是：「我還要執著下去嗎？」「我還要虛度一週、一個月，甚至一輩子的時間，讓自己繼續留在往日的痛苦嗎？」是的，痛苦就是提醒你該放下了！

要如何解脫？

想想，你如何被卡住？

被卡在瓶頸裡的你，最快的脫困方法就是放下。

要如何放下？

想想，你如何鬆開手中燒燙的石頭？如何放下一袋沉重無用的垃圾？

你只要不再緊抓著就好。

Part 2

懂得滿足的人 找到幸福

你所開出的是小花，別人開出的是大花。
並不因為別人的花比較大，就比較優越，
也不因為你是小花就比較卑微，
重點在於你們都開花了。

多少才滿足？

什麼是滿足，什麼是不滿足？不滿足就是想求取更多、更好的心態，滿足就是放下這種欲望。

人們一直活在不滿足，那是人性的本質，並不是擁有更多的東西就會滿足，事實並不是這樣。當人有一千元的時候，就想要有一萬元，有了一萬就想要一百萬元，然後又想要更多。

你也許想買一部車子，那輛車你想了好久，現在車子是你的，但你依舊不滿，因為不久之後，你又有了新的欲求。今天想車子，明天想房子，大後天又想有個帥哥、美女陪在身邊。你說：「啊，如果可以和我心愛的人結婚，此生足矣。」然後呢？你終於美夢成真。你真的就此生已足嗎？

去看看你的伴侶，原本因為喜歡才在一起，而現在為什麼有那麼多不滿？

你想買那個心儀已久的漂亮包包，你買到就會滿足嗎？不會，也許你以為要多買幾個才夠，那麼，去問問那些擁有一堆名牌包的名媛貴婦，她們都滿足嗎？

有人以為要賺更多錢才會滿足，但你看那些擁有幾輩子都花不完錢的富豪，他們滿足了嗎？曾有人問美國歷史上的第一位億萬富豪與全球首富石油大亨洛克菲勒：「你要有多少錢才滿足？」他說：「總得再多一點。」

不知足，就永遠不可能滿足。所以佛陀說，心的不滿足本身即是痛苦——無論你得到多少，也總是不能滿足一種想要更多更好的欲望，這個無止境的欲望就是苦。

如果你不快樂，你必須先去了解你欲求什麼？你必須先找到它的根，去看不滿從何而來？不要老是想「我要如何得到」，而是想「我為什麼有那麼多欲望」？

如果你的欲求讓你不快樂，你要做的，應該是限制欲望，而不是設法滿足它們，不是嗎？

不滿的由來，是不知道自己早該滿足了。
其實你已經擁有不少了，但你卻視若無睹，這樣又怎麼可能滿足？
如果你不知足，又怎麼可能對目前的生活滿意？

有什麼好比？

每次有人問我要如何建立自信，我總會反問他是如何建立起自卑的？因為若不是自認比較卑微，又怎麼會沒有自信？

當你沒自信時，仔細想想：你是和誰比？是那些看起來漂亮、富有、聰明或口才好的人嗎？你是否發覺他們比你更好、更有吸引力？否則為什麼會沒自信？

就好像你去看一個時裝秀，裡面模特兒各個身材高䠷，如果你拿自己跟她們比，當然會覺得「矮人一截」。如果你不比較的話，如果你很單純地欣賞，就不會有任何問題。模特兒確實高䠷，那又怎麼樣呢？你又不是模特兒，當你不比較，就不可能自卑。

我也沒有模特兒高，不如湯姆克魯斯帥，也沒有林俊傑的歌喉，更不像林書豪有個好身手，我籃球打得甚至不如一個國中生。但那又怎麼樣，有許多事是他們會，我不會；也有不少事情是他們不行，我行的。

如果有人籃球打得比林書豪好，不代表林書豪就不好，對嗎？同理，有人在某方面比你強，並不代表你就是弱的、差勁的，但是如果你一昧的想去跟那個強的比，就如同跟林書豪比籃球一樣，那會如何？

要建立自信就不要跟人比。自卑是靠比較來的，自信也是，透過比較去建立的自信是愚蠢，只要你再去比較，就有再一次自卑的可能。因為一山還有一山高。

愛默生曾說：「我窗下的玫瑰花從不會想到從前的玫瑰或更美的玫瑰，它們就是它們自己。」你所開出的是小花，別人開出的是大花。並不因為別人的花比較大，就比較優越，也不因為你是小花就比較卑微，重點在於你們都開花了。

玫瑰有玫瑰的嬌豔，桂花有桂花的清香，蓮花有蓮花的挺拔和脫俗，正如每個人都有他自己的特色。

一旦你了解自己是什麼，即使是一株不起眼的小金盞花，一樣迎著陽光綻放自信。

只要想想一隻貓熊，牠跟一匹馬比較，「為什麼牠的腿比我細長？為什麼牠跑得那麼快？為什麼牠沒有黑眼圈？」結果會怎麼樣？牠一定很自卑，一定對自己不滿。

當你羨慕別人跑得比你快、身材比你好的時候，也許他正羨慕你比他可愛、比他有人緣呢！每一個人都是獨一無二，有什麼好比？

不必羨慕人

有時候，我們會羨慕別人的人生。

就像某人收入比你多，某人事業成就比你大，某人嫁入豪門，某人當上明星，某人一畢業就出國遊學打工等等……。但若這樣的人生和際遇讓你碰見了，你未必會幸福，因為適合他的不一定適合你。

有位學生畢業後自行創業，五年後身價數千萬。有個同學渴望像他一樣，仿傚其模式，結果卻一敗塗地。還有位學生憧憬出國遊學，想過三毛那種流浪漂泊的生活，後來遭遇搶劫，加上經濟壓力，才明白傳奇人生並非人人過得起。

以前很羨慕那些可以到國外出差開會的同事，想像免費搭飛機到處旅遊，直到換成自己，才發現長途搭機不但腰痠背痛，回來還要趕報告，好累。

過去我也曾迷失，看別人的外在條件很好，就認為別人的人生都比較順利、幸運。直到進一步了解他們也有一堆不為人知的問題，才體會家家有本難念的經。

同事聊到大學時的班花，「當初大家羨慕她嫁入豪門當少奶奶。後來過得不太好，有次見面聽她哭訴……才知灰姑娘的『水晶鞋』並不好穿。」她感嘆道。

有時候你之所以羨慕別人，是因為別人活出了你幻想的人生中的某一幅畫面，所以你羨慕對方。但你並不知道，對方可能有很多煩惱，或者心裡藏著一段不可告人的傷心往事。你也不知道，他正羨慕你，他也期待跟你擁有一樣的畫面，只是你身在其中沒發現罷了！

朋友說：「父親去世後，我開始羨慕那些雙親健在的同輩。」

學生說：「分手後，我變得很羨慕有男孩陪的女孩。」

病人含淚說：「自從下肢癱瘓，每次看到人家能活蹦亂跳都好羨慕。」

最近聽到一段採訪，那位事業有成的女強人說：「每次工作得很累、很氣，不想上班時，我就很羨慕家庭主婦，我覺得家庭主婦真是太幸福了，她們能夠讓男人心悅誠服的供她吃，供她住，願意無怨無悔的為她付出……。」

所以，真的不必羨慕別人。只要了解，他有他的困擾，你有你的幸福。別人的人生未必適合你，珍惜自己擁有的，你會發現屬於自己的幸福。

你不是我，怎知我走過的路，心中的樂與苦？
有些人有些事不要只看表面。
也許你的人生並不完美，但並不代表它不美，多看看美好的部分吧！

缺點也是優點

睿睿是個好奇心旺盛的小孩，上課喜歡打破沙鍋問到底。由於常會打斷老師的話，且影響教學進度。老師把這種情形告訴父母。

他的父母感到困擾，是該訓誡孩子，叫他改改個性，還是要支持肯定他？這到底是優點，還是缺點？

其實這問題也曾讓我困惑，優、缺點到底是指什麼？是指對自己有利的特點，還是指對他人有利的特點，才叫優點。那反過來，就算是缺點嗎？

像最近有個學生找工作，公司履歷表要求應徵者寫優缺點，「要怎麼寫？」她擔心：「有些缺點要是坦白寫出，可能就不會被錄用。」

一旁的學姐打趣，還提出具體建議：「你只要寫對自己沒利，卻對公司有利的，像對工作要求完美常會造成自己很大的壓力……這類的缺點，我想，很多公司應該都會喜歡這樣的人。」

所以，優點和缺點並非絕對。愛管閒事，對家人和鄰居而言或許不受歡迎，但對某些工作，像從事公益來說恰恰是優點。有人天生膽小，如果要做刑警、戰士肯定是缺點，但是擔任公車司機就變成優點。有人很會體諒人、處處為別人著想，這樣的好人大家都喜歡，但要讓他去做法務或品管人員，那就麻煩了！

有一個非常有趣的實驗，找幾位對你很熟悉的人，然後請他們分別告訴你「最欣賞你的特點」以及「最討厭你的特點」。結果發現一個必然現象：你被某人所認定的優點，卻被另一個人當作是缺點。

譬如說，當有人欣賞你的「心直口快」時，就一定會有人討厭你「口無遮攔」。

有個同事，個性迷糊，大而化之，很好相處，大家都很喜歡她，可是她的先生卻怨言不少，說她不是掉鑰匙，就是掉手機，把提款卡的密碼寫在卡上。

另一個朋友，是個小心謹慎的人，喜歡事事有周全的計畫，可是老婆卻覺得他顧慮太多，常小題大作，受不了。

換言之，缺點即優點，優點即缺點。我想起有個朋友很沒個性，尤其對老婆更是逆來順受，大家常懷疑他為何忍氣吞聲？有天他只是輕描淡寫的說了一句：「若不是那樣，我的婚姻能熬到現在嗎？」說的也是。如果不是這樣，依他老婆強勢的個性，他們可能早就離婚了。

有主見的人，看似獨立自主，有自己的想法，如果太過了，可能剛愎自用，目中無人，就成了缺點。一個人很懦弱，看似缺點，但同樣的表現，如果他是忍人所不能忍，能忍辱負重，就變成了優點。

有時，我們常懷疑、否定別人的負面特質，對某人不諒解，卻忽略其實這些也是他的正面特質。如同一位事業有成的企業家說：「固執是我的優點，也是我的缺點。這性格讓我犯了不少錯，但若我沒了這特質，大概早就放棄，也不會有今天的成就。」

回到睿睿的問題上，「愛發問」是缺點嗎？當然不是，這可能是他先天的優勢，是最寶貴的資產。

有人曾這麼比喻：「負面特質，就像音響的音量被調得太大聲了，只要音量調小一點，就是正面特點。」我完全同意。

愛發問，是有求知欲；脾氣大，是求好心切；愛表現，是有領導能力，只不過這三種音量都太大聲了。

反過來，沒個性，是隨和；做事迷糊，是大而化之；沒想法，是懂得尊重服從；只不過這三種音量都太小聲了。

要改變一個人並不容易，也不需要，因為改掉缺點也意味少掉優點，甚至失去了特點。還不如把音量調好，讓彼此都唱適合自己的調，不是更好？

肯定自己的優點是自信，了解自己的缺點是成長。

所以，不要說：「我有很多缺點。」而是：「我有很多特點。」

隱藏在你缺點裡的，往往是你沉睡的優點。

你也發現了嗎？

嫉妒心

嫉妒是什麼，它是怎麼產生的？

大多數人不願肯定別人的成就，甚至因別人有成就而感到不悅，這就是嫉妒。

例如：一個同學歡天喜地的告訴你他考試得滿分，妹妹說爸媽買玩具給她，同事告訴你剛收到浪漫情人節的玫瑰花或是簽下一筆大合約，我們縱使面帶微笑，心裡卻不是滋味，這就是嫉妒。

嫉妒是拿自己跟人比，當你覺得別人比較優越，就生起羨慕；而當你羨慕別人擁有，又氣自己為什麼沒有，妒嫉就這樣產生了。

「羨慕」常轉化成「嫉妒」，因為別人擁有，反襯出自己的匱乏；別人突出，顯出自己的平庸；別人強，更顯得自己弱。於是，當別人不好時，你就覺得很好；聽到別人的不幸，暗自竊喜自己還好沒那麼不堪；如果對方是平常喜歡炫耀的人，還會讓你有種「幸災樂禍」的快慰。

「因為你失意，所以我感到快樂。」這是怎麼回事，為什麼別人的不幸會讓你感到幸福？別人的失去能帶給我們任何東西嗎？當然不能。就像《格林童話》中白雪公主的故事，壞王后不能忍受白雪比她美，而生嫉妒。她以為一旦白雪公主失掉青春美貌，就能取而代之。事實上，就算沒有白雪，世界上也會有其他年輕貌美的女子取代她。

這世界永遠有人比你更美麗、比你成績更好、比你收入更高、有更悅耳的嗓音、有你沒有的東西……要比永遠比不完。

「嫉妒是綠眼的妖魔，誰作了它的俘虜，誰就要受到它的愚弄。」莎士比亞在千古悲劇奧賽羅（*Othello*）中的名言已說了四百年，但有多少人還被奴役？

去給勝利的人祝福吧！因為總有一天，當你勝利時，也會希望別人為你高興。沒有人會喜歡輸不起或見不得人好的人。如果你總是在羨忌別人，那就會永遠只有羨慕別人的份，何不做一個讓別人羨慕的人？

反過來，當你招人嫉時，也別在意，這表示你有超越別人的地方。就像把瓷杯與鋼杯放在同一個籃子，當他們互相碰撞，瓷的自然破碎，其實不是鋼杯有意把它撞破，只是在同一個地方碰撞的結果。如果你表現好，你身邊的人承受壓力，自然會排擠你，那是很自然的，你所能做的就是讓嫉妒你的人繼續嫉妒。

別人「眼紅」、「吃醋」、「酸葡萄」等仇視心理，其實是對你最大的肯定。承認你比他好，比他優越。當你真正了解什麼是嫉妒，就會釋懷並感到慶幸。

如果你羨慕別人，表示你承認自己不如人，既不如人，又有什麼好嫉妒？

如果你遭人嫉妒，表示你有過人之處，既超過人，那有什麼好難過？

煩惱是幸福的

常聽到許多人埋怨，煩惱生活中的一些芝麻小事。仔細思考，這些人實在不了解，有這些煩惱是多麼幸福的事。

若沒有工作，就不會有工作上的煩惱；沒有小孩，就不會有教養的煩惱；沒有房子，就不會有房貸和裝潢的煩惱；沒有很多衣飾，就不會有要怎麼穿搭的煩惱；沒有車子，就不會有塞車和停車的煩惱⋯⋯。

換言之，有什麼煩惱，通常也表示你擁有什麼。

有位好萊塢作家，曾寫過一些劇本，但都不是非常搶手。直到某天，他因某部賣座的電影而成為炙手可熱的大製片人。有天他到片場上班，發現停車位被人占走，當時還有二十幾個停車位是空的，可是他偏要停在他專屬的停車位上。

一開始這位仁兄很火大，接著他突然若有所悟，然後對自己說：「我突然想到，三個月前我連車子都沒有呢！」

所以我常說，人要學會感恩，因為煩惱多，表示擁有的愈多。

有人或許不以為然：「我為失去而苦惱，我欠了一屁股債，又怎麼說？」當你說欠了什麼就表示你曾擁有什麼，不是嗎？若沒有人給你錢，你又怎麼會欠錢？若沒先擁有，又怎麼可能失去？

你煩惱變胖、變老嗎？至少你活得夠久，也吃得不錯。你對自己的臉蛋不滿嗎？想想正在與癌症奮鬥的人，他們寧可抱怨眼袋黑斑，也不想抱怨化療。你怨生意難做嗎？可曾想過，若不是因為那樣，大家早就搶著做，對嗎？就算每天有忙不完的事，這也是一種幸福的負擔。

有位老太太，她覺得整個家都是她在付出，所以對丈夫、兒子總是不滿，經常怨東怨西，直到有一天，她的丈夫走了，兒子也離開她到異鄉討生活，最後因病客死異鄉。

老太太哭了好多天，從今而後，只能孤單一個人面對晚年。她這才發現，原來沒有苦可以承受的人，才是真正的苦。

你有工作、有家庭、有那麼多人需要你，算幸運了。你要感激那些需要你的人，因為他們讓你找到了存在的價值和意義。

當你對自己所擁有的一切懷著感恩之心，就可以理解為什麼我說「煩惱是幸福的」；而這將是非常好的一種領悟。

一切的煩惱，到了你失去時，都會變成令人懷念的回憶。

因此，何不把煩惱變成感恩，那樣人生就有更多美好的回憶。

Part 3

懂得自尊的人 學會自愛

你一直埋怨別人不能給你快樂，
是否想過：為什麼你不能給自己快樂？
如果得不到你所渴望的東西而覺得失望，
那麼就由你自己來給吧，
這是你想要的東西，
為什麼非得經由另一個人來得到？

歡喜做自己

幾天前，我的學生跑來跟我說：「曾經有很長一段時間，我不喜歡我自己。」這讓他感到自卑，經常抑鬱寡歡。他說：「那陣子真的十分難挨過去，直到後來，我驚喜地發現有些人確實是喜歡我的。」

「我想，既然他們會喜歡我，何以我不能去喜歡我自己呢？開始時我只是那麼想想而已，但慢慢地我學會了如何喜歡自己，整個人也變得開朗起來。」

有一則寓言故事：池塘裡的荷花上有一隻青蛙在呱呱呱不停叫著，一邊看著水裡映出來的自己。牠高興地想：「我會游泳，會跳得很遠很遠，我還會『呱呱呱』地大聲喊，我還穿著綠色的衣裳。」想著、想著，青蛙大聲地喊起來：「我是一隻最漂亮、最能幹的青蛙！」

野鴨聽見青蛙在自我陶醉，吃乾醋糗牠：「你會飛嗎？」

青蛙不服氣，向前跑幾步，拚命地想飛起來，可是，牠沒有如願。

青蛙難受不已，意興闌珊來到小松鼠家，青蛙問小松鼠：「你會飛嗎？」小松鼠說：「我沒有翅膀，當然不會飛。不過，我會爬樹，誰也沒有我爬得快。」

青蛙也想學松鼠爬樹，但怎麼蹬，蹬了許久也沒有爬上去。

青蛙的心更受傷了，他走到山羊家去，青蛙問：「你會爬樹，還是會飛？」山羊說：「我不會爬樹，也不會飛。」

「那，你會幹什麼呢？」

「我會看書呀！山羊指著書上的字說：你瞧，這兩個字是『山羊』，這兩個字是『青蛙』……」山羊驕傲地說：「我會認很多很多字呢！」

「我不會爬樹，不會飛，又不會認字。你們都比我能幹，我什麼也不會。」青蛙難過的號啕大哭起來。

山羊笑著對青蛙說：「你會游泳，會青蛙跳，還會『呱呱呱』地唱歌，你的綠衣裳特別漂亮。你是一隻漂亮、能幹的青蛙。我們大家都非常喜歡你。」

青蛙頓時轉哭為笑說：「是啊，我是青蛙，我有青蛙的本領，朋友們都喜歡我，我也喜歡我自己。」青蛙回到池塘邊，又呱呱呱地唱起歌來。

就拿這個故事來說吧！什麼能讓一隻青蛙快樂？就是當青蛙做青蛙的時候最快樂。什麼時候魚會快樂？就是做魚的時候，牠便會開心快樂。那麼，什麼能使一個人快樂呢？

當一個人能接受自己而歡喜地做自己的人最快樂。

常有人問我：「為什麼你看起來總是樂觀開朗？」我回答：「是啊！我認為自己很好，我就感到快樂又自在！」也許我不是最好看的，但是可以看起來很好；也許我不是最棒，但是我可以看起來很棒，這就對了！

別人喜歡你並不是因為你的優點，而是你就是你。

現在你可以放膽去欣賞並接納你自己，縱使知道自己有諸般的缺點，你依然接納自己。接納自己的個性、外貌，接納自己是好的，也接納自己不好的部分，當你接納全部的自己之後，你也會開始喜歡自己，整個人也跟著快樂起來。

沒有人能讓每個人喜歡，可是每一個人都可以捫心自問：「你是不是喜歡自己？」想想看，既然別人都可以喜歡你，何以你不能去喜歡自己？

如果你都無法喜歡自己，又怎麼期待別人喜歡你？

你顧慮什麼？

你最常顧慮的就是別人會怎麼看你，但你為什麼那麼顧慮別人呢？是不是你一直把自己放在展示櫥窗，時常猜度別人對你的評價、看法；你總是依照別人的意見來生活，才會顧慮東、顧慮西，對嗎？

有一位老師把辛辛苦苦存了很久的積蓄，用來整修房子。整修的工程大約進行了四個月，可是，老師卻中止了整修的工程，乃因他人或許會認為他收受回扣幫助別人走後門入學，才會有這麼多的錢可以整修房子，而他不喜歡被別人說閒話，所以才停止了整修房子的工程。

像這位老師一樣，許多人之所以覺得活得很累，就是太在意別人了。太在意鄰里無意的評足，太在意上司偶然的責罵，太在意朋友之間的小摩擦，太在意人與人一時的賭氣，太在意別人會怎麼想、怎麼說。一心想在別人心目中留下一個完美的印象，想讓所有人都滿意。這怎麼可能？

因為別人眾多，而你只有一個人，你想的越多，顧慮就越多；如果處處迎合別人的看法，心將無所適從。

事實上，只要我們捫心自問，我們自己是如何看待事情？如何評斷一個人呢？其實都是從一些外在的表象，都會從自己的立場、性格與利益看事情，對嗎？換句話說，人都是很主觀的，各人都有自己的好惡，別人的看法只代表個人的意見，並不代表正確。更何況有時儘管你很努力了，別人仍會有意見，你總不能一輩子為別人而活吧？

父子騎驢的故事之所以成為經典，就在顧慮太多：兩人都不騎，被批評傻瓜；爸爸騎，被批評不慈；兒子騎，被批評不孝。兩個一起騎，被批評不仁，虐待動物。他們說的都沒錯，那究竟是誰錯了？

這對父子錯了，這對父子錯在想要討好所有的人。

這是你的人生，沒理由不走自己的路。你的責任所在是你的心，而非別人的心情。當你因別人的話而壞了心情時，先想想有沒有必要為這個人的話而苦惱，如果覺得沒必要，那就放下，因為說話的人通常一下子就忘掉自己說了什麼，如果你一直放在心上，豈不犯傻？

引自賈伯斯的名言：「你的時間有限，所以不要為別人而活。不要被教條所限，不要活在別人的觀念裡。不要讓別人的意見左右自己內心的聲音。最重要的是，勇敢的去追隨自己的心靈和直覺，只有自己的心靈和直覺才知道你自己的真實想法，其他一切都是次要。」

人生苦短，只要做自己就對了，這還需要顧慮嗎？

當你面對選擇或作決定時，你可以這樣問自己：

「我是在為自己、為我的喜悅做這件事嗎？或是我只是為了取悅他人？」

想想看，為什麼你的人生要取決於別人腦中的想法？

你有「自尊」嗎？

到餐館吃飯，隔壁桌的幾位女士開始互吐苦水。其中一位抱怨先生要她陪婆婆過年，自己卻回公司值班，小姑一家出遊要到年初四才回來，所以她必須等大家都回來才能回家。她不滿：「整個春節假期就這樣泡湯，我也想帶小孩去旅遊，為什麼沒有人替我想？」

其他人似有同感，也跟著怨聲四起，她們越說越多，怪先生自私、怨孩子不體恤、氣同事不負責任，尤其是最後發話那位女士，她談起自己受到的委屈更是語氣激動：「我做的事比誰都多，竟然還有人說我很混……。」

有些人一向尊重別人，為什麼自己卻沒得到應得的尊重？

有些人一再滿足別人需求，對方非但不感激，還要求更多，為什麼？

答案是：他們沒尊重自己的感覺。

有個女人嫁給一個經常否定她、批評她的男人，她變得很在乎他的感覺，總是努力取悅他，從不表達自己的感受，以致那男人根本不在乎她。

我也見過許多媽媽對孩子呵護備至，和朋友說話時，任孩子打斷，以致孩子常在眾人面前跟她回嘴，對她更是予取予求。

你怎麼對待、看待你自己，別人也怎麼對你、待你。對方會從你的身上學到與你相處的模式。

如果別人看輕你，那是因為你沒看重自己。

如果別人不在乎你的需求，那是因為你不說出自己要什麼。

如果你總遇到不尊重、不珍惜你的人，是因為你不尊重、不珍惜自己。

你怨別人傷害你，其實是你不斷給對方傷害的機會。你會因為配合別人的需求而憤怒，表面上你氣別人虧欠了你，其實你是氣自己不夠尊重自己的需求。

當有人貶抑你、批評你，有人說「你很糟」、「你很蠢」、「你很混」，你生氣也是因為你不尊重自己的感覺。

想想看，如果有人說「你很累」，但你不覺得累，於是有更多的人說你「看起來很累」，你會怎樣？如果你神采奕奕，你會開始質疑「我真的很累」嗎？

當然不會，因為別人的感覺並不是你的感覺，你生氣，是太過專注對方的感覺，而忘了自己的。那就是為什麼說，生氣是低自尊的表現。

自尊就是尊重你自己的感覺，因為只有你知道自己內心深處的感受。自重則是重視自己的自尊。正所謂：「人必自重，而後人重之。」人先要自尊自重，才能贏得人家對你的尊重。

不要問別人為什麼不尊重你，你要問：「你有尊重自己嗎？」

不要說別人為什麼看不起你，你要問：「你有看重自己嗎？」

有人逼你嗎？

我們常會注意有人做了一些自己不想做的事，或是聽到有人辯解說：我是不得已的，環境所逼，我又能如何？我又能怎麼做？

然而事實真是這樣嗎？讓我們弄清楚：你真的是不得已才去做那件事嗎？

讀到一篇文章：有個畫家，雖然頗有才華，但藝術市場本來就不大，想在該領域出頭並不容易，因此他變得憤世嫉俗，覺得懷才不遇，開口閉口都是埋怨。

有一天朋友聚會時，兩杯黃湯下肚，他一下抱怨自己有志難伸，一下子抱怨老天爺為什麼要讓他過這種苦日子……

終於，有個與會的朋友聽不下去了，問他：「請問，是你自己想當畫家，還是有人逼你當畫家的？」

「是我自己。」

「早就發現這條路很辛苦，卻仍要堅持下去，是你自己的選擇，還是別人要你做的選擇？」

「是我自己。」

「既然一切都是你自己決定的，沒有人逼你，那你又有什麼好抱怨？」

那位畫家聽了，一句話說不出來。

所以，每當有人向我抱怨，做了自己不想做的事，我要他們問自己一個問題：「真的有人逼你嗎？」

・當初是誰決定的？ ・是誰答應的？

・選擇的人是誰？ ・是誰邀請的？

・是誰說要參加的？ ・是誰自己要相信？

・工作是誰選的？ ・是誰自甘委屈？

・東西是誰買的？ ・是誰願意被說服？

・問題是誰造成的？ ・是誰放棄的？

・對象是誰挑的？ ・是誰堅持的？

仔細想想，其實沒有任何一件事是被強迫的。因為如果真的不想做，你就不會去做。最後你還是做了那些事，和那些人在一起，而且繼續做那份工作，這一切全都是你自己的決定。

該怪誰？

無論發生了什麼事，都是你的責任；無論遇到任何事，都是自己造成的。

想想，如果你一點錯都沒有，又那麼聰明，為什麼問題會發生在你身上？

我都是為了你

人們總認為，犧牲與關愛是同一回事，所以許多人付出關愛的方式就是不斷犧牲自己、遷就他人，以為愛就是要為對方犧牲。然而，如果我們沒有照顧好自己，那會怎樣呢？

有一位婚姻不幸福的母親，因為不希望女兒被貼上「單親家庭」的標籤，所以一直隱忍著沒有離婚。然而，女兒長大後卻非常叛逆，和母親之間的關係劍拔弩張。

做母親的自然覺得很委屈，有一次母女又發生衝突，她忍不住一把鼻涕、一把眼淚地對女兒說：「我都是為了妳，才不跟妳爸爸離婚；我都是為了妳，才一直陷在這段不快樂的婚姻裡……我為了妳犧牲這麼多，妳為什麼還不知好歹？」

「這些都我看在眼裡……」女兒回答：「但是，您知道嗎？您的『犧牲』，讓我從小到大都必須忍受一天到晚吵吵鬧鬧的父母；您的『犧牲』，讓我永遠看不到媽媽的笑容，回憶裡只有以淚洗面的母親……我知道您很愛我，但我更希望您先學會愛自己，否則您的愛只會讓我覺得好累、好重！」

愛，絕不是犧牲，因為，愛會產生滿滿的喜悅，而犧牲則是蓄積橫溢的哀怨。犧牲愈多，怨恨必然愈多。道理很簡單，當你不斷為某人犧牲，自然會不自覺地把期待放在對方身上，希望對方多關心你一點、多愛你一點，如果對方不符你的期望，憤怒、不滿和怨恨也於焉而生。

想想，我努力要讓別人快樂，可是如果我不快樂，我又怎能讓他們快樂呢？我們無法給予他人自己沒有的東西。若我沒有熱情，我只能給你冷漠；如果我不曾歡笑，我只能教你頹喪。如果我自己活不好，我其實沒有餘力對別人好，對別人來說，我只是個壓力源而已。

套句林肯的話：「你無法把自己變成窮人而去幫助窮人。」我們無法在把自己弄得慘兮兮時卻為別人帶來幸福。

那麼，該怎麼做？愛你自己是你所能做最要緊的事。熄滅的燈，既不能照亮四周，也無法點燃另一盞燈。如果你想照亮任何東西，先決條件就是：先點燃自己——如果我想要別人一見我就笑，我必須先有微笑的能力。

同樣的，如果想讓別人對我們好一點，就應該鼓勵他們對自己好一點。因為他們對自己好，才會對我們好。而且，當他們愈能享受自己的快樂，就愈有能力分享快樂給我們。

有人一輩子都委屈自己，犧牲自己的快樂，然而周遭卻沒有人因此而更快樂；他們犧牲享受，卻沒有人覺得享受，何必呢？

愛的第一堂課

很多人，花了一輩子去尋找一個真正愛自己的人，到頭來才發現真正應該愛的是自己。

愛沒有永恆的好景，別人的好，是會變的；別人的情，是會磨滅；別人的心，是可以收回；別人想的，未必和你一樣。如果你總是把希望寄託在別人身上，當然會一再失望。

在一個研討會議上，有位女士提及，她曾與先生貌合神離。為了挽救婚姻，她處處委曲求全，在經歷一段漫長與飽受挫折的歲月，最後仍徒勞無功。她不想再這樣下去……

「所以，我決定即使他不愛我，我也要愛自己。」她語氣堅定地說，「我決定自行給予自己曾經想從他身上得到的關愛與溫柔。」

她終於覺悟了。

你不能不愛自己，卻渴望有人能寵愛你；不在乎自己內心感受，卻渴望別人在乎你的感受；不懂得體貼照顧好自己，卻渴望被好好體諒呵護。這怎麼可能？你把自己變成奴隸，卻要求主人給更多的尊重？

你也不能總是期待別人完全合乎你的心意，如果別人不合你意，你就生氣、懊惱，這是多麼幼稚。有人記得你的生日，你就歡喜雀躍；忘了你的生日，你就悲傷難過，有如世界末日。何必呢？如果別人忘了你的生日，你可以買件禮物送自己，還能選到自己真正想要的東西呢！

我聽說有個太太，在她丈夫每年過生日時，一定會到飯店訂席，將全家大小都邀請到場，還十分周到的買了蛋糕。等她自己的生日到了，她也一樣自己掏腰包，全套的過程再來一遍，讓自己過個快樂的生日。

她說：「如果我期待先生幫我過生日，很可能會造成雙方的不愉快。因為他慶祝的方法絕對和我不同，搞不好還會吵一架。與其等他表示不如自己慶祝來得爽快！」

這是你的生命，滿足自己，是你自己的責任，永遠永遠不要忘記這一點。

別人不知道怎樣做對你最好，你也不知道怎樣做對別人最好，你的職責是決定怎樣做對自己最好。

曾有位讀者寫信來，「我想通了，」她說：「我費了好長一段時間才明白，我的丈夫無法給我快樂，我得自己去尋找快樂。在以前，我真的期待丈夫能做些讓我快樂的事，遇到他猜不透我為什麼繃著臉、為何埋怨他時，我總是把他的這個過失當成無能照顧妻子的證明。現在我知道，我從來沒有為自己的快樂負責。一旦我們開始負起各自的快樂責任，我們才一起找到快樂。」

一點都沒錯，你一直埋怨別人不能給你快樂，但是你是否想過：為什麼你不能給自己快樂？

愛的第一堂課，就是先學會愛自己。當給自己的愛足夠，你會了解，沒有那個人，你照樣能過得很好。

你不該再責怪別人：「你一點都不在乎我？」「為什麼你不能對我好一點？」因為這是你的責任。如果你得不到你所渴望的東西而覺得失望，那麼就由你自己來給吧，這是你想要的東西，為什麼非得經由另一個人來得到？

Part 4

懂得轉變的人
無須爭辯

你有你的個性和觀點，
我有我的個性和觀點，我不干涉你。
只要我能，我就感化你。
如果不能，那麼我就尊重。
改變他不是你的任務，改變你才是，
因為你是那個想要改變的人，不是嗎？

以人為鏡

生活中總是遇到不喜歡的人，「要是沒有那個人就好了，心情一定會很愉快。」你說。

可是，為什麼你會如此在意，為什麼老遇到討厭的人，這問題你想過嗎？

有一個事實大家首先必須認清：你會厭惡別人的缺點，是因為你自己也有。

有個朋友問我：「為什麼我總是遇到脾氣暴躁、又自以為是的老闆？為了不想再看到這樣討厭的人，我才換工作，沒想到，現在的老闆竟然又是一個自以為自己什麼都對的人，我怎麼會這麼倒楣？」我坦白告訴他：「你不覺得自己也是脾氣很大，自視甚高嗎？」

想想看，當你討厭對方總是自以為是的時候，是否正代表著你也認為「自己一定是對的」，否則怎會如此生氣？

你不喜歡脾氣暴躁的人，自己是否也壓抑極多怒氣？在你厭惡別人怒氣的同時，脾氣是否也變暴躁？

我們在別人身上所看不順眼的每一件事情，都代表自己也可能做出同樣的事情。只是大家多半沒有「自覺」，才會一再把矛頭對準別人。

記得以前教過兩個學生先後報名參加國標舞社，又都學拉丁舞。一段時間後甲同學跟我說乙同學好勝心強，很愛表現；又過了一陣子，在跟乙同學一起閒聊時，她居然也說甲同學愛現，每每都在練習和表演中好勝爭贏、出風頭，心中不悅的她索性退社，自此兩人形同陌路。

我討厭愛現的人，因為我也很想表現。如果我們能了解別人其實是一面鏡子，看法就會截然不同。原來我討厭愛出風頭的人，那人搶走了我的風采；我討厭愛計較的人，其實我也在計較；我無法容忍別人批評，因為我也是愛批評的人。別人身上的負面特質會激怒你，往往反映自己也有相同的特質。

《靜思語》說得對：「看別人不順眼，是自己修養不夠。」

其實，不管我們身在何處，命中注定就是要一再與厭惡的人相遇，直到自己修養夠了，自然也就沒有礙眼的人。

你看誰不順眼？

仔細思考為什麼？反思一下自己是否也有類似的問題？

反問自己：「這個人使我想起自己哪些討厭的地方？」

所謂「以人為鏡，可以明得失。」當你指責別人時，別忘了

拿鏡子照照自己。

為什麼他老是這樣？

你知道改變什麼最難嗎？

答案是：想改變人最難。這是我的觀察，因為當你想改變別人，自己就不可能改；而當自己不改，就很難改變別人。

你難道沒發現？幾乎每個妻子都想改變丈夫，丈夫也想改變妻子，父母想改變子女，子女也想改變父母；還有些人想改變同事、上司或婆媳，結果呢？最後沒有一個人改變。而且你越想改變對方，關係就會變越糟。

人際互動是一種模式，模式一旦固定，便很難改變。如果你繼續以原來的模式來跟人相處，你的努力只會讓自己感到挫折，到頭來還是老樣子。當你問對方為什麼老是這樣，其實並無意義，因為對方老是這樣，往往也代表你老是那樣。就像有句俗話說：「如果你不能改變自己的方向，到頭來還是會走回到原來的起點。」除非你先改變。

有一個關係等式：A＋B＝C。A代表「你」，B代表你覺得很難相處的人（如配偶、父母、婆媳、上司），C代表你和那個人的關係。我們或許改變不了B，但不要緊，我們有能力藉著改變A，也就是改變自己，來影響彼此的關係。

有個婆婆個性非常挑剔、脾氣又不好，看兩個媳婦都不順眼，總是處處找她們麻煩。

第一個媳婦受不了婆婆的不講理，經常忤逆，婆媳兩人的關係愈來愈惡劣；第二個媳婦也看不慣婆婆的頤指氣使，但是她想：反正也沒跟婆婆一起住，一年其實也沒見幾次面，不如忍耐一下，也就算了。久而久之，婆婆心中總覺得二媳婦「比較好」，自然也就對她比較好。

記得是蒙哥馬利說的吧：「對別人經常心灰意冷、束手無策的人，他們不是無法改變別人，而是不能改變自己。」好像一些父母，硬將道理說出來給子女聽，或一些上司，硬要求同事做某些事，還不如自己以身作則更有說服力。

前陣子在車上收聽廣播聽到有本有聲書叫「做對媳婦，才有好婆婆」，同樣的話也可以倒過來說：「做對婆婆，才有好媳婦」。當你完全不一樣時，對方必然會感受到，對方也會不一樣。或許開始會有質疑和困難，因為那好像不是你，慢慢地，對方會了解到如果你能改變，那他為什麼不能改變呢？

所以，每當有人向我抱怨關係出問題了，我會告訴對方：「不要去改變或改造任何人，如果忍受不了，就改變自己。而且既然你會告訴我，就表示你有心想改善這段關係，對嗎？」

我聽說有個人向天祈禱，希望上帝能改變她的先生。

上帝說：「妳改變，我就會改變妳先生。」

「這是什麼意思？我先生才是問題所在，他才是那個惡毒好鬥的人，我每天都上教堂。」

「不，妳並沒有盡力維持和睦，」上帝說：「我認為妳要負責，因為妳明白真理。妳知道什麼是對的，而當妳開始採取行動，我就會改變妳先生。」

改變他不是你的任務，改變你才是，因為你是那個想要改變的人，不是嗎？

當代著名的美國神學家尼布爾（Reinhold Niebuhr）所寫的祈禱文：

願上帝賜我平靜，接受我無法改變的事；
願上帝賜我勇氣，改變我能改變的事；
願上帝賜我智慧，能夠分辨兩者的差異。

之後，約翰．米勒（John G. Miller）改變了這句禱詞：

願上帝賜我平靜，接受我無法改變的人；
願上帝賜我勇氣，改變我能改變的人；
願上帝賜我智慧，了解那人就是我。

是的，想改變任何人，都先從自己這邊開始。

試想，假使你都不能為自己改變，那別人又怎麼可能為你改變自己？

讓你好過，我也好過

每個生命有它本來的樣子，鳥在天上飛，馬在地上跑，魚在水裡游，這就是牠們的本質，人們也都有各自的本性。所謂「江山易改，本性難移」，你不能要求鳥游泳，要求馬飛翔，要求魚走路，要求人改變也一樣。

有人個性外向，有人內向；有人天生性急，有人慢條斯理；有人愛運動，有人愛讀書；有人喜歡出去踏青、社交聊天，有人喜歡待在家裡看電視、聽音樂。想改造別人是困難的，因為那等於是要違反他的本性。

舉例來說：你的太太不愛社交應酬，就算你想改變，她也做不來。而當你一再這麼要求的時候，就好像要求貓學狗叫，你說：「我下決心一定要教會那隻貓學狗叫。」你一次一次地教，然後幾年過去了，那隻貓終於會叫：「汪汪！」那又如何？

改的人很辛苦，被改的更痛苦，何苦呢？

我想起一則馴獸師的故事，他聽說駱駝只會向前走，不可倒退走。於是這馴獸師就下定決心，要訓練出一隻會倒退走的駱駝！他不斷辛勤地訓練，經過多年的努力，終於成功了。

下一幕是在馬戲場裡。觀眾從四面八方湧來，因為宣傳和廣告都保證將令觀眾大開眼界。

場子正中央，站著那位馴獸師，正在口沫橫飛的說明駱駝倒退走的奇觀。成千的觀眾則面面相覷，一臉的迷惑，每個人的表情都彷彿在說：「那又怎麼樣？」

這麼多年來，你一直試圖改變那個人，卻從不質疑自己的想法。有太多事情比這些更重要，更能讓彼此快樂，不是嗎？

每個人都是獨一無二的個體。你就是你，永遠不可能變成別人，同樣別人也不會變成你，認清這一點之後，你就會明白，強迫別人跟你一樣，其實是很不尊重，也很荒謬的。

很多人並未了解尊重。尊重，是不論我們認同或是不認同的，只要是出於另一個人的思想和感覺，我們都應該接受和支持。改變別人則完全不同，改變對方其實是想把他變成你。說白了：如果某人不像我，那麼他一定有問題。

比方，我們常常不自覺地用自己的標準去要求別人，「我這樣做，別人也應該這樣」，當別人達不到我們的標準時，我們就會否定、就會去責難，這樣當然很難相處。

所以，每當你想改變某人，使某人做他不喜歡的事、不想要成為的人，他將不快樂，他將會生氣，他將會報復，因為你是在控制他，你是在強迫他，彼此關係的壓力、對立、衝突也由此而生。

你有你的個性和觀點，我有我的個性和觀點，我不干涉你。只要我能，我就感化你。如果不能，那麼我就尊重。這即是和諧相處之道。

「讓你好過，我也好過。」聽我一句話，絕不要嘗試將別人改變得像你，世界上有一個你已經夠了。

你接受別人本來的樣子嗎？或者保留你的愛直到他們變成你想要的樣子？

在關係中無所適從的時候，請放下你的觀念、是非判斷，請接受他現在的樣子，而非你喜歡的樣子，那麼你們的關係就會漸入佳境。

誰說事情「應該」這樣？

因為一些爭執，你與他有了芥蒂，從此漸行漸遠。你說：「如果他在乎我，就應該先跟我道歉。」看著原本深厚的友情，漸漸煙消雲散。我忍不住想問：「為什麼在乎你，就『應該』先道歉？這是誰規定的？難道你不在乎他嗎？」

人生下來原本是一張純淨的白紙，但在成長的過程中經驗及吸收到各式各樣的心則。比方，「如果夠朋友，就『應該』情義相挺」、「如果他了解我，就『應該』知道我在想什麼。」、「如果你愛我，你就『應該』照我要求的去做。」等等。那麼當你的朋友沒挺你；如果他不知道你在想什麼；沒照你要求的去做，就會出問題。

許多衝突和爭執就是這樣引爆的。感情上的應該如何、金錢應該如何、工作應該如何、朋友應該如何、媳婦應該如何，還有小孩應該如何、先生應該如何、太太應該如何……每次我們說「誰應該如何」的時候，其實是在說某人不對或者做錯了什麼。

我曾在課堂上，要求學生在紙上寫出幾句，他們認為「事情應該怎樣」，然後，我請他們陸續起來把已寫下的句子唸出來。當他們讀出「事情應該怎樣」時，我會立刻問：

「為什麼你覺得應該這樣？」

「當別人沒做到時，你的反應如何呢？」

從他們的回答中，很容易讓他們知道自己的情緒是如何被引爆，並好好審視心則是否明智合宜。

我們的很多思想之所以會落入一定型態，都是因為我們一生中大部分的時間都是如此。我們被心則所捆綁，以致無法走出心裡的桎梏。我就拿「如果你愛我，就應該照我要求的去做」這個心則，很少人會去質疑它。因為當年紀還小時，父母說他們愛我們，而且當我們乖乖聽話時，就得到讚賞獎勵；而當我們不順從時，就會受到懲罰。此後很自然我們就認為「順從是愛的表現」。

現在，讓我們來看這個看似合理的心則合理嗎？有位女學生說：「如果他真的愛我，你就應該討我歡心……得買給我精美的禮物……週末都陪我……為了讓我開心而願意做他們討厭的事。男朋友不就應該這樣嗎？」

是誰說男友「應該」這樣？如果我們一味用自己的心則去要求別人，「他應該這樣那樣」，當別人達不到時，我們就會否定、就會去責難，這樣相處當然會問題不斷。

我們必須分清楚，到底是問題圈住了我們，還是我們自身狹隘的心則限制了自己。當我深信那些心則時，問自己：「是誰說事情『應該』這樣？」「緊抓這個想法對我有幫助嗎？」一旦放下那個心則，你會發現問題也煙消雲散。

任何時候當你覺得痛苦，你要問自己：「這痛苦是事實如此，還是我所訂的心則？」

當人際發生問題，問自己：「這問題是怎麼來的，是不是我所訂的心則？是什麼樣的心則，造成這個問題？」

發現了哪些是造成問題的心則，你還要繼續作繭自縛嗎？

你對，不代表別人錯

人為什麼爭吵？因為認為自己是對的，別人是錯的。

為什麼老愛批評人？因為認定自己是對的，如果別人的想法、作法和我們不一樣，別人一定是錯的。

為什麼怒氣橫生？為什麼爭鬧不休？所有怒氣都根源於「斷定我是對的」，引述十七世紀法國作家弗朗索瓦．德．拉．羅舒夫戈的話：「只有一方有過錯時，爭論不會持續很久。」

究竟誰對？誰是錯的？其實沒有標準答案，因為站在每個人的立場，每個人都是對的，因為那是我們主觀意識上所認定的，我所認知的都沒錯，因為那是我最直接的感受，怎麼可能是錯的？然而問題也出在這裡，「若我相信某件事是對的，又怎能同時相信不同意我的人也是對的？」

甲乙兩名僧人起爭執，去找老和尚評理。

老和尚說：「一個一個來，兩個一起說我聽不清楚。」

於是甲僧說：「老和尚，事情是這樣這樣，我覺得應該是如此如此，您覺得對不對？」老和尚說：「對！」甲僧很高興的走了，於是乙僧不服氣，說：「老和尚，我覺得應該是這般這般，您說對不對？」老和尚說：「對！」乙也很高興的走了。

旁邊的小沙彌很疑惑，問：「老和尚，甲也對，乙也對，那不是沒有是非了嗎？」老和尚回頭看著小沙彌，笑笑說：「你也對。」

人一直都在判斷說什麼是對，什麼是錯的，那只會增加兩人的摩擦，使糾紛加劇，更難以調解。這即是老和尚的智慧，不計較誰對誰錯，並不是「沒有是非」，而是為了彼此和諧，對錯與否，反而不重要。

南傳佛教大師阿姜查說：「你們對於事情應該如何，何謂善惡、對錯，總有許多看法與意見。你們執著於自己的看法，並為此深受痛苦。但它們不過是看法罷了。」我們應該關切的是：什麼能讓人愉快？什麼又帶來痛苦？

環視我們周遭，想想所有我們認識的人，最不快樂，最不友善的人，就是那些自以為「是」的人。他們無法理解別人是以不同的方式看世界。相反地，那些了解「我的觀點」不是「唯一觀點」的人，幾乎總是最友善、最寬容、最隨和，最快樂的人。

認為自己對，不是錯事，但認為別人錯，卻是不對的。把這句話牢記住，「你對，不代表別人是錯的。」畢竟，就算讓你爭贏卻輸掉感情，那又有什麼意義？

找張白紙寫下幾個人名，他們是你覺得需要修正的人。接著問自己：「如果我放棄自以為是，不再認為那個人是錯的，我會有什麼不同？」

如果你跟某人鬧得不愉快，也請問自己，「如果當初我沒有堅持自己是對的，現在的關係會有什麼不同？」

不要相信你所想的

人有那麼多的痛苦與不快樂，都是因為我們將每個進入大腦裡的想法都當真了。

當我們相信自己的想法時，就不得不按照那些想法而活。如果我們頭腦一片混亂，我們的生活也會是那樣；如果我們思想裡有怨恨，我們的生活也有；當我們思緒煩躁，我們的生活也會變得煩躁。

有個作家在庭院中種植了一片竹子，他喜歡坐在陽台，吹著徐徐微風，望著竹林的美麗，覺得風吹過竹林的聲響，真是風雅極了。

某天，這位作家正在趕稿，眼看交稿的時間就要到了，偏偏文思枯竭，一點靈感也沒有。

就在此時，他聽到妻子在院子裡掃落葉的聲音：「沙沙！沙沙！」作家忍不住皺起眉頭，直到聲音結束，他才繼續寫作。

過了幾分鐘，又傳來掃地的聲響：「沙沙！沙沙！」他火氣上來了，大吼：「妳可不可以等一下再掃啊！吵死了！」

院子安靜了下來。但過沒多久，「沙沙！沙沙！」的聲音又傳到他耳中。作家生氣地把筆一摔，大步走到庭院裡，想教訓妻子一頓。但妻子根本不在庭院裡，只有竹林被風吹過，傳來一陣陣聲響：「沙沙！沙沙！」

作家忍不住啞然失笑。他這才想到，妻子一早就搭車回家探望母親了，根本就不在家。

人們的喜、怒、哀、樂，都源於自己的一念間。當情緒波動時，我們認為是外在情境引起的。其實，內在想法才是根本的根源。

你曾經暫停下來，注意自己正在想些什麼嗎？剛開始時，你可以從小小的念頭著手練習。找個地方靜靜地坐著，閉上眼睛，任何念頭出現你都加以觀察。例如：你聽見路上有人猛按喇叭，你馬上興起一連串的思緒，你突然記起有次你在馬路上，也曾被後方來車猛按喇叭的情景，你覺得很討厭。然後你想起最近發生一件很討厭的事，因為那件事你又想起了某個人，那個人做了某些……思緒就這樣持續地進行下去。

每個念頭都創造出一齣小小的戲。比方，每當我們聽到旁人討論的嬉戲聲時，直覺總告訴我們，他們是在說我們壞話；在準備旅行卻下起雨，我們就覺得老天都和我作對；甚至情人沒交代清楚去處都會成為懷疑的焦點；情人對別人微笑，又成為引爆憤怒的火種。人們總是因為微不足道的事情賭氣，然後拿看似冠冕堂皇的理由來攻擊人。

借用《奇蹟課程》的話來說：「我們從來不是為我們以為的理由而煩惱。我們煩惱是因為我們看見根本不存在的事物。」

有個病人得了阿茲海默症。他以前是個易怒的人，自從他失去記憶，人就變了，因為他記不得自己在生什麼氣，他一旦缺乏了「編造劇情」的能力，生氣便會消失。

「我的想法並不真實」有了這點醒悟，你就擺脫了自己不自覺中對那些想法的認同。「是我的想法，讓我不快樂」。當你進一步看清自己日常的念頭，才會真正了解，原來痛苦都是自己想出來的。

當念頭浮現心頭時，質疑它們。

它們完全真實嗎？這故事完全真實嗎？

為什麼不要相信你所想的？因為想法本身就是痛苦的根源。

想想，當你有了某個想法，你覺得痛苦，當你沒去想它，你就不苦，那麼是誰讓你痛苦？

其實每個人頭上都有一片藍天，
如果你沒有發覺到，
那是因為你沒有抬頭向上看。
那些不如意的人事物，
都是你人生的一部分，
千萬不要讓它變成人生的全部。

Part 5 懂得種花的人 省得拔草

何必選擇生氣？

我們每天都有選擇，也時時都在選擇。

在公共汽車上有人踩了你一腳，你選擇作何回應？破口大罵，讓這件事影響整天？還是一笑置之，說聲：「沒關係！」

你無意中聽到，你的朋友在背後說你壞話，你會怎麼樣？斥責他，罵他一頓？以牙還牙，散播對他不利的謠言？還是從此跟他斷交？

你跟朋友去賞花，突然下了場大雨淋成落湯雞，你會怎麼選擇？是抱怨連連？或是敗興而歸？還是覺得雨天即景很有趣？

我想說的是：在任何情況下，你都可以自由選擇。

你可以選擇用什麼觀點來了解。

你可以選擇用什麼感覺來體會。

你可以選擇用什麼態度來面對。

沒錯，下雨會影響賞花，但是老天下雨，你沒輒；你能夠掌控的，就是對下雨的反應——你可以停下來欣賞雨天的美景，看山披上了一件薄紗，聽著窗外淅瀝淅瀝的雨聲，悠閒的泡杯茶，細細品讀一首詩……。有些人會覺得下雨掃興，卻沒有發現，那個讓人掃興的其實是自己。

有人踩了你一腳，說了些傷害你的話，錯並不在你，但你一樣可以自己作主，對這個事情怎麼反應——生氣、感情用事，或冷靜、大而化之。選擇權在你手上。

多數人碰到類似情況，常覺得自己別無選擇，非爆發脾氣不可。然後事後可能感到懊惱，或找理由來解釋自己的行為。不論如何，這就是沒有看見自己握有選擇的權力。這就彷彿一個人被關在某處，口袋裡雖有鑰匙，卻不會用鑰匙開門，因為他不知道口袋裡放有鑰匙。

說來慚愧，即使我知道自己握有鑰匙，也常把它放在口袋。記得有次帶孩子到某風景區旅遊，中午用餐的人很多，於是我要他們先找個座位，自行前去點餐。

大家都餓著肚子乖乖排隊，等了好一會終於輪到了，點餐的小姐才說某某餐已經賣完。

我建議小姐：「你們沒有賣了，牌子就不該掛在那裡，才不會讓人傻傻的排隊？」

沒想到，她竟一臉不在乎說：「因為很少人點這個套餐，所以就沒拿掉。」

「這是什麼理由……」當場氣得我乾脆不吃了。

事後我感到懊悔，我其實可以改選別的餐，或是點個冰淇淋消消氣，何苦和自己過不去，還讓孩子跟著挨餓？

是啊，我無法控制他人的行為，但是我可以選擇自己對這些行為的反應，而且這的確只有我能控制。

有人不講理，我們總以挫折與生氣來回應，只要藉著選擇不同的回應方式，我們便找到那把鑰匙。「這個人確實無理，但我可以不理。」或：「這個人很無理，也許他太忙了，也許他心情不好。」選擇同情對方，這樣氣不就消了大半？

像這週末去吃西餐，孩子問我：為什麼上餐那麼慢卻不生氣。我笑說：我是來享受，又不是來生氣的。何況在等上菜的同時，可以看書報、打手機、聽音樂、觀察人、欣賞周遭的風景，何必選擇生氣呢？

當你做選擇，不管做什麼選擇，你可以問自己兩件事：首先，「我做這個選擇結果會如何？」這樣你心裡馬上有個譜。其次，「我現在做的選擇會帶給我和身旁的人快樂嗎？」如果答案是肯定的，那就去做。

當你抱怨某人或某事使你悲傷或生氣，同樣問自己兩件事：首先，「這是我唯一可做的反應嗎？」若不是就不該繼續執迷。其次問，「我為何選擇要經驗那種感覺或以那種方式反應？」如果你不喜歡那種心情，那就換個反應吧！

情願挨罵

面對別人的批評，人們通常的反應有兩種，一種是「不在乎」，好壞隨便；另一種是「太在乎」，一聽到批評就坐立不安，千方百計設法為自己辯護。這兩種都不對，因為別人為何批評，反而沒有人在乎。

像有陣子兒子的作業草率，老師在聯絡簿提醒，媽媽也一再糾正，他仍滿不在乎，還說一堆理由辯解。於是我要他靜下來想想：「別人為何批評你？他們說的是真的嗎？如果他們的確沒說錯！他們只不過是告訴你真相，沒有道理去爭辯，甚至不高興，對嗎？」

我拿自己為例，當我把文章發表在報章上，理所當然會受到檢視，只要有人對我有意見時，我會深呼吸，想想他們說的話。如果我的反應只是嗤之以鼻：「那些傢伙憑什麼？他們懂什麼？」以後就無法察覺我沒注意和看不見的地方，當然也不會再有人願意告訴我。

有個人受到他人嚴厲的批評，心中憤憤不平，而向一位智者吐露怨氣：「他有什麼資格批評我？」

「我很了解你的感受，」智者說：「那就好像你走過樹下，樹上的猴子忽然對著你的頭丟擲一顆椰子。」

「您是要我把他當成猴子？」

「不是，」智者搖搖頭，說：「你應該撿起椰子，喝了其中的果汁，吃了其中的果肉，而且用殼做一個碗。然後說：謝謝你的椰子！謝謝你給我的批評！」

兒子從此明白，他可以接受批評，而不必排斥或痛恨批評的人，他甚至可以從批評中學習。

萬一這些批評不是事實呢？所謂：身正不怕影子斜，沒有犯的錯，就不用怕人家說，你只要尊重每個人都有表達的權利。如同你與別人一起用餐，他說某些菜很難吃，你卻認為還好，你會因此生氣或有受辱的感覺嗎？當然不會。因為每個人的認知和好惡本來就不同。既然如此，你又為什麼不能心平氣和地包容別人的意見和批評？

記得胡適先生在《胡適來往書信選》致楊杏佛的信中寫道：「我挨了十餘年的罵，從來不怨恨罵我的人。有時他們罵得不中肯，我反而替他們著急。有時他們罵得太過火，反損他們的人格，我更替他們不安。如果罵我而使罵者有益，便是我間接於他有恩了，我自然情願挨罵。」

以前擔任部門主管，每次和離職的人面談，我都會主動找挨罵，問對方：「你要離職，是不是有什麼原因？或是有誰做錯了什麼？」「你認為我們有什麼地方需要改善？」對方聽到通常都很感動，加上人也要走了，往往會講真話，他認為誰管理失當、哪裡有問題，我都聽得到了。

那些不合你胃口的，往往是對你更有營養的。當你真正了解，就能張開雙臂擁抱批評，並且把批評當作禮物，若能如此，也沒有任何批評會傷到你。

有句諺語說得好：「假如別人指責你，是對的，那你沒有資格生氣；假如別人指責你，是不對的，那你又何必生氣呢？因為是他錯了！」

別人撒鹽傷不了你，除非你身上有潰爛之處。

好態度，好人生

想過嗎？什麼是影響人一生最重要的關鍵？是命運？生辰八字？是姓名、血型、星座？還是婚姻工作、學識能力？其實通通都不是。也不是來自遺傳，否則你的人生便與你的家人類似；更不是環境，我們都知道，有許多環境優越的人反而憤世嫉俗，也有許多似乎一無所有的人卻樂觀進取。

那到底是什麼？答案是：你的人生態度。

什麼是人生態度？簡單說，就是一連串你認為真理的想法。使你保持一貫態度的，便是你自己的想法。

比方，如果你相信：「我就是天生要來受苦的。」那麼你日子必然會感受沉重負擔；你心裡老想著：「我總是吃虧上當，」你自覺像是個受害者便不是巧合了；如果你一直認為「沒有人愛我」或「人都是不值得信賴」，結果就會跟你想的一樣。

這裡有一則兵變的故事：有個青年要去當兵，臨別前女友依依不捨，但他卻跟女友說：「我想妳遲早會變心，我無所謂，早就做好心理準備。」雖然女友信誓旦旦的保證會等他回來，但青年只是冷笑幾聲。

青年入伍後，女友寫了許多洋洋灑灑的長信，但他看完就放在一旁，也不怎麼勤於回信，同袍問他為何不多和女友聯絡，他說：「與其以後被兵變，倒不如現在少放點感情，省得到時難過！」

女友打來電話，他也愛理不理。漸漸的，女友的聯絡逐漸減少，寫信也愈來愈少，直到最近，女友已經三個月沒音訊了。

青年嘴上不說，心中卻還是渴望女友的關心，「該不會真的兵變吧？」他的心中默默想著。

終於，女友寄來一封信，在信中果然提出分手，並寫道：「不管我再怎麼做，你也不願敞開胸懷，因為你已認定我會背叛，只是時間早晚的問題，既然如此，我就趁早成全你吧！」

你的態度將決定你的經驗。如果你想著人生是如此絕望，人生就會變得絕望。如果妳有一個堅定不移的想法，相信天下沒一個男人是好東西，那我敢跟妳保證：妳絕不會遇到一個好男人。即使真有對妳好，妳也不會相信那是真的。

曾有人說：「認為自己不幸福的人永遠都得不到幸福」，其實那不是得不到幸福，只是悲觀態度使然。即使是他得到了幸福，他還是認為自己是不幸福的。越是悲觀，就越無法讓自己感受到幸福。

就像林肯也說：「對大多數人而言，他們認定自己有多幸福，就有多幸福。」如果你想著人生是如此美好，人生就會變得美好。如果你抱持著愛人的想法，你將會感受到愛並吸引到愛。你覺得自己很好命，自然而然，你會讓自己過得越來越好，也越來越好命。

所謂：「觀念決定態度，態度決定行為，行為形成習慣，習慣形成個性，個性決定命運。」你對人生的觀念和態度，皆來自你的內心。在一生中的任何時刻，你都可以決定去改變你的態度，你的態度則來自——你自己的想法。只要改變想法，你的人生就會改變。

沒錯，影響人一生最重要的關鍵其實是你自己。

當面對一件事情時，想想，你若以否定的態度，會是什麼結果？如果用正面的態度，會有什麼不同？

你希望擁有什麼樣的人生？想想，你若以悲觀的態度，會有什麼影響？如果你用樂觀的態度，會有什麼不同？

多去種花，不是一直拔草

生活很像一堆雜草，總有解決不完的問題。一個解決了，馬上另一個又來了。如劇作家王爾德所說：「人這一生總是一波未平，一波又起。」有人窮其一生試圖去拔所有的雜草，而在此同時，他們已然錯過生命中許多美好時光。

最近在網路上讀到一則「反破窗效應」的文章，與大家分享。

某座城市的治安非常敗壞，只要入夜，不良少年就開始出沒，四處橫行，他們在街頭巷尾塗鴉、搶劫路人的財物，讓這座城的晚上猶如一座死城，幾乎沒人敢出門。市長為此非常苦惱，於是高薪請來一位治安專家，希望他救救這座城市。但經過幾個月的考察，治安專家也舉手投降，宣布這裡「沒救了」！

市長一聽，當然非常焦急：「難道沒有其他方法嗎？」

專家搖搖頭：「沒有！市長，您沒有聽過『破窗效應』嗎？」

「這是什麼意思？」

「就是只要有扇窗戶被打破又不修補，之後其他的窗子也會跟著被打破！」專家接著說：「而您的城市已經有太多『破窗』，只會一直惡性循環下去，絕對沒希望了！」

市長不死心，又請來另一位專家。

專家觀察了幾天後，只請市長協助做幾件事：增添清潔隊的人手，把街頭的垃圾清掉、把牆上的塗鴉刷洗乾淨。再在住宅區的空地種植各式各樣的花朵。

市長聽了有點不高興：「我是請你來整頓治安，又不是請你來改善市容！」但專家十分堅持，市長實在無計可施，只好由他。

起初，塗鴉被清理掉了，隔天又馬上出現新的，專家就下令立即清除乾淨；花才種植下去，第二天馬上被拔走，專家就要求立刻補種回去……接著，奇妙的事發生了！幾個月過去，不但市容維持整潔美麗，就連犯罪率也下降了！

市長非常高興地說：「前一個專家還說什麼『破窗效應』，根本是胡扯！」

「不，其實他說的非常有道理！」

市長聽了不免吃驚。

「但是，要破解破窗效應，其實也很簡單，就是『反』破窗效應！」專家微笑地解釋：「既然髒亂會引來更多髒亂，更多的髒亂會引發犯罪，那何不反其道而行：創造一個不適合犯罪的清爽環境？」

市長恍然大悟，對專家非常佩服。

你一再遇到的問題是什麼？生活問題、工作問題、感情問題、金錢問題，還是親子問題？試試換個方法——多去種花，而不是一直拔草。

我發覺許多問題之所以剪不斷、理還亂，是因為我們全神貫注於問題，而不是解決的方法。比方在面對問題時，我們常會問：「我怎麼會遇上這種事？」或「那個人怎麼如此惡劣？」「他為什麼要這樣對我？」這類消極、沒建設性的問題，只會帶來自艾自憐、無力的感覺。

現在起，用積極的問法：「我怎樣才能改善現況？」「我怎麼善用這個機會？」或「我要做什麼，才能讓自己變得更好？」這麼問，很快就能振作起來。

有陣子因職務升遷，有許多不利於我的傳聞，當我問自己：「為什麼有人要打擊我？」情緒就變得低落。後來，我改變問法：「我要怎麼扭轉這不利的局面？」「我要怎麼做，才能讓事情變成我想要的？」很快就找到方向和力量。

面對問題，不是追問「為什麼」，而是要問我們現在該「做什麼」。以下幾個問句，有助於你調整心境，進而找出解決的辦法。

- 這件事有什麼好的一面？
- 我要怎麼做，才能得到想要的結果？
- 我要如何以愉快的心情去處理這整件事？

記住，多去種花，而不是一直拔草。

為自己擁有的歡喜而活

有隻鳥在天上飛。有人嘆氣道：「牠好辛苦，四處飛只為了覓一口食。」然而也有人讚嘆：「牠真幸福，可以自由自在地飛翔。」

兩個老同學聊天。一個怨嘆：「唉！年輕的時候，有閒沒錢。而今有了錢，又沒了閒，真倒楣！」另一個卻笑說：「我雖年輕時沒錢，可是有閒；現在雖然沒了閒，可是有錢！多好啊！」

兩個媽媽談起小孩。一個懊惱：「有了孩子，本來自由自在的生活都毀了！」另一個卻欣喜說：「有了孩子，讓我擁有新的人生，而那是更豐富的人生。」

差別在哪裡？角度不同罷了！一個快樂和痛苦的人最大的不同，並不是不同的境遇，而是他們用不同的角度看事情。

有個小女孩趴在窗台上，看窗外的人正在埋葬她心愛的小狗，不禁淚流滿面，悲痛不已。

她的祖父見狀，連忙領她到另一個窗口，讓她欣賞自己的玫瑰花園。果然小女孩的愁雲為之一掃，心情頓時明朗。老人輕撫小孫女的頭說：「孩子，妳開錯了窗戶。」

僅僅是換了一扇窗就成了兩個世界。

有時想想，中國人造字很有意思。譬如所謂「失望」，倒過來看，就是「望失」，也就是看到失去的那個部分。如果我們換個角度，看見自己擁有的，是不是就完全不同？

在某個鄉村裡，有一對貧窮的老夫婦，有一天，他們想把家中唯一值錢的一匹馬拉到市場去換點更有用的東西。老頭牽著馬去趕集了，他先跟人換一頭母牛，又用母牛去換了一隻羊，再用羊換來一隻肥鵝，又把鵝換了母雞，最後用母雞換了別人的一大袋爛蘋果。

在每次交換中，他都想給老伴一個驚喜。

當他扛著大袋子來到一家小酒店歇息時，遇到兩個英國人。閒聊中他談起了自己趕集的經過，兩個英國人聽後哈哈大笑，說他回去一定會挨老婆一頓罵。老頭子堅持聲稱絕對不會，英國人就用一袋金幣打賭，於是三人一起回到老頭子家中。

老太婆見老頭子回來了，非常高興，她興奮地聽老頭子講趕集的經過。每聽老頭子講到用一種東西換了另一種東西時，她語氣都充滿了對老頭子敬佩。她嘴裡不時地說著：「我們有牛奶喝了！」

「羊奶也同樣好喝。」

「哦，雪白的鵝毛最漂亮了！」

「哦，我們有雞蛋吃了！」

最後，聽到老頭子背回一袋已經開始腐爛的蘋果時，她同樣不慍不惱，高興說：「太好了，我們今晚就可以吃到蘋果餡餅了！」結果，英國人輸掉了一袋金幣。

哲學家愛比克泰德說得對：「智者不為自己失去的悲傷而在，而為自己擁有的歡喜而活。」只看自己擁有的，不看沒有的。學會在砂裡掏金，很快你就會發現，一旦抱怨消失，苦惱也消失，隨之而來的就是喜樂。

有繳稅的帳單，你要歡喜，表示你還有工作。

衣服愈來愈緊，你要歡喜，表示你吃得不錯。

責任愈來愈重，你要歡喜，表示你愈來愈重要。

孩子調皮搗蛋，你要歡喜，表示很健康，有活力。

有蛀牙要去補，你要歡喜，表示你牙齒還沒掉光。

有每夜打呼的伴侶，你要歡喜，表示他沒和別人在一起。

每一枚銅板都有兩個面，你要看向正面，還是背面？

每一個時刻你都有選擇，是去欣賞？還是抱怨？

你選擇從哪個角度看，就會有哪種人生。

不抱怨的生活

大部分的人都經常抱怨，幾乎對每件事都可以挑毛病。學校菜色太差……襯衫燙得不夠平整……飲料不夠冰……公園草皮枯黃，到處落葉……天氣好熱，蚊蟲好多……事情這樣不對，那樣不好……。

以前，我曾帶幾個學生參加研習，安排好宿舍後，我注意到有個學生不斷挑剔，「這裡的床好硬，棉被有點發霉，牆面到處斑駁，在角落裡，我看見一隻蜘蛛，我最討厭蜘蛛，天啊！這浴室的水龍頭都鏽了……」他的眼睛上上下下地掃瞄，嘴巴說個沒停。

我忍不住打斷，我說：「你一定經常不快樂，對嗎？」

他愣了一下，一面看著我，一面對我說：「你怎麼看出來？」

「因為你很會挑剔，而我從沒見過一個快樂的人是如此吹毛求疵的。」

習慣挑剔抱怨的人，並不是沒有快樂，而是一直不滿現況，當然很難快樂。面對生活有兩種方式，一種是抱怨生活，另一種是享受生活。

享受和抱怨是完全不同的向度。抱怨的人專注於欠缺和錯誤的事物；享受的人則專注在擁有和美好的事。說得更明白一點，享受生活的人，不需要改善；忙著改善生活的人，無法享受。

在這個世上，我們永遠不會到達一個地方，在那裡一切都盡善盡美。美國詩人和散文學家愛默生曾有感而發說：「不論如何，夏日總是有蒼蠅；而在漫步林間之際，總難免遭蚊蟲叮咬。」你能怎麼辦？夏天很熱，我們面對太陽生氣，這對改善熱的感覺有用嗎？蚊蟲很多，我們對蚊蟲抱怨，這也沒有什麼用處的。我們無法仰賴每一天成為「好」日子，我們唯一能做的是把每個日子「過好」。

我想起，美國著名的思想家卡耐基講過一個軍官妻子的故事：

戰時，她丈夫駐防在非洲沙漠的陸軍基地。為了能經常與他相聚，遂搬到基地附近去住。這裡風沙很大，天氣熱得要命，條件很差……。她覺得自己倒楣到了極點，她寫信給父母，說她不能再忍受了，情願去坐牢也不想待在這個鬼地方。她父親的回信只有一句話：「有兩個人從鐵窗朝外望去，一個看到的是滿地泥濘，另一個人卻看到滿天的繁星。」

此後這句話常縈繞在她心中，也改變她對生活的態度。她開始與當地居民交朋友，研究當地的編織與陶藝……她深深地愛上這片土地，還寫了一本書。

是什麼帶來了這些驚人的改變呢？沙漠並沒有發生改變，是因為她的態度改變了，正是這種改變，使她有一段精彩的人生經歷，發現了新天地。

有一首義大利的哲學詩是這麼寫的：

欣賞你花園中各式花朵，別注意那些落葉。
細數你生命中的黃金時光，忘掉那些不愉快的回憶。
夜晚應該仰望晨星，而非暗影，
生活應該充滿歡樂，而非哀傷。
每年歡度生日時，年歲應視朋友的多寡，而非年齡。

其實每個人頭上都有一片藍天，如果你沒有發覺到，那是因為你沒有抬頭向上看。別讓一小片烏雲遮蔽所有的天空。

你在生活中想要尋找什麼，你就會發現什麼。就像到公園看到路旁有垃圾，你對於這片公園的感受，不應該為了一些垃圾出現而毀滅。

那些不如意的人事物，都是你人生的一部分，千萬不要讓它變成人生的全部。

Part 6

懂得失去的人必有所得

失去的意義在於被找到，
不要只著眼於一時的失去，
失戀，失業，失婚……
無常往往是在人生轉彎的地方，
它是幫我們把原來僵化的思維及生活打破，
帶你走向更寬廣的方向，發現新天地。

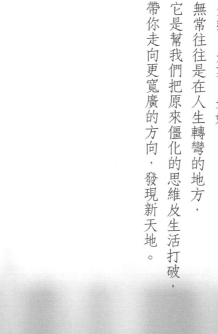

緣起緣滅

生活中有很多人和事，是你的即使想逃也逃不掉，不是你的就算想求也求不到，這叫「緣」。

緣，有聚有散。父母與子女、情人與情人、或朋友與朋友之間，氣味相投、談得來、感情要好，就是「有緣」，話不投機，甚至貌合神離，便是「無緣」。

原本不認識的人可能變成朋友，曾經感情很好的朋友，也可能因為某些事而疏離。有緣起就有緣滅，好的緣聚時很美好，很少想到有一天會變。當因緣要散了，或許說變就變，感覺不一樣了，講話不一樣了，有時還會莫名的起誤會，誤會也會愈解釋愈糟，那就表示已經緣盡。

面對緣分，不必去苦求，好聚好散。能在一起都是有緣，即使你討厭的人也一樣，如果「無緣」，你心裡又怎會有他（她），對嗎？成就一份好的因緣不在於好的開始，在於好的結果。就算開始時可能不是你決定的，但結果和結束，完全取決於自己。

面對得失，不必苦惱，一切順其自然就好。凡事該屬於你的就沒人能奪走。如果它真的屬於你，那麼它遲早會回到你的身邊。反之，要是有什麼東西從你的手中溜走或無端消失，那就不該是你的。就像有些人突然賺到一大筆錢，得到某個好職位，然而隔一陣子卻破財，或出了某些狀況，總之就是空歡喜一場。

「花開花落僧貧富，雲去雲來客往還。」很喜歡鄭板橋筆下的意境：人間的富貴在山僧眼中猶如山花開落，自有其循環，每季花開，富裕得像暴發戶，但是花一萎謝，又一無所有了，香客來往更如同天上的雲朵，自來自去，何必強求？

當人漸漸成熟就會愈來愈隨緣，因為他們已經了解事情就是這個樣子，他們知道強摘的水果不會甜，他們知道得來不易的，維持也不易，那是強求不來的。

唐朝百丈懷海禪師的詩：「有緣即住無緣去，一任清風送白雲。」緣分不能強求，人生在世，應一切隨緣，由他自然而來自然而去，就像清風白雲那樣，來得隨意去亦隨意。若如此，人生哪裡還會有什麼放不下？

事實上，你根本沒有什麼可以失去的，你來的時候本來就一無所有，走的時候也什麼都帶不走，你有失去什麼嗎？

除非你患得患失，讓自己失意沮喪，讓自己陷入痛苦的煎熬，那才是人生最大的損失。

悲慘遭遇變美好回憶

在一個座談會上，有一個中年男人氣急敗壞地數落妻子，就因為她琵琶別抱，跟別的男子跑了。這位心碎的男人，他失去了所愛的女人，失去了自尊，更失去多年來的感情投資。

然而，從相反的角度來看，其實他的愛還存在的，也正因為愛還存在，才會讓他深刻體會到錐心之痛。

換句話說，在失落與心碎的同時，也讓這名男士真正的認識愛是什麼，過去他妻子還在的時候，他從未在意，直到妻子離開才讓他體會到。原來，我們失去了愛是為了喚起我們的愛。

人們常常會犯一個錯誤，那就是只記住那些負面的，而把每一件正面的事都忘掉。人們所犯一個基本的錯誤就是以負面的態度看待以往的過錯和不幸，卻很少從經驗和成長的角度來看待自己和過往，很少注意那些課題如何幫助我們邁向更好的生活，也讓我們更懂得愛。

所以，儘管失去一段感情，沒有必要連那個人、那段關係所賜給你的禮物也一併失去。你可以選擇靜靜地感謝對方帶給你的成長和啟示，感謝對方曾給你甜蜜時光與美好回憶。

我想起美國傷心療癒協會創辦人約翰．詹姆斯，他曾輔導一位女性，她的女兒在幾年前的二月自殺身亡。

那位女士說，每年二月快要到時，她對女兒的思念就會愈來愈深，而思念裡頭的感受是痛苦的。她熱淚盈眶，一面述說著她與女兒的關係，她說：「我的心永遠都碎了。」

詹姆斯沒有讓她繼續說下去，而是問她：「妳會不會常常想起有關女兒的美好回憶？」她說：「會。」接著問她：「這些溫暖、愉快的回憶浮上腦海時，妳有什麼感受？」她說：「這些回憶讓我心情很好。」於是再問：「當妳有愉快的回憶時，妳還會覺得心碎嗎？」她說：「不，我不會覺得心碎。」

最後詹姆斯建議她，千萬不要說自己「心永遠都碎了」，應該改說：「有時候想起女兒的痛苦，或是她已經不在了，我覺得心碎；但是一想起她的好，我就覺得快樂，我很慶幸能與她有共同的回憶。」

不要因為完結而哭，要為曾經擁有而微笑。美好的時光雖不能長留，可是我們可以把美好保存在腦海中。

有位朋友說得好：「分手了，我記得最多的還是甜蜜，因為我忘了那個人和那些痛苦，留在記憶裡最多的還是曾有美好的愛情。」

愛的可貴在於永恆，而不在永久。無論是子女也好，朋友、情人也罷，沒有人可以永遠擁有另一個人。所謂的「擁有」，都只是「階段性擁有」罷了！既是如此，曾經相愛，就不必遺憾；曾有過美好，就不必覺得失落。

畢竟，曾經擁有，就曾經幸福過，不是嗎？

當愛人遠離，你要問自己，那愛還存在嗎？如果那愛還存在，它就沒有消失；而如果愛已消失，即使勉強在一起，愛也不是真實存在。

當愛人逝去，你說「他已經不在了」。但他真的「不在」嗎？不，當你會不斷想起時，他已經活在你心裡了。

那不叫做失敗

你有沒有觀察過一個現象——小孩學走路，無論摔得多疼，照樣爬起來繼續走，而且他從來不以為意。

為什麼小孩不在意呢？因為他不覺得摔倒很丟臉，他不覺得摔跤了就可以不再摔，所以立刻站起來繼續走！

但為什麼人一長大，只是事情沒照我們期望的方式發展，結果沒有順應我們的願望和理想，我們就認為自己失敗，甚至一敗不起？

沒考到理想的成績，我失敗了。

沒找到期待的工作，我失敗了。

一筆生意沒談成，我失敗了。

如果孩子不學好，我教育失敗；如果夫妻失和，我婚姻失敗；如果買錯了股票，我投資失敗……照這個邏輯，所有人不都成了失敗者？

還記得愛迪生嗎？當他從事發明電燈的過程，共歷經一千九百九十九次失敗，有人問他：「你是否還打算嘗試第二千次失敗？」愛迪生答道：「那不叫做失敗，我只是發現哪些方法做不出電燈來。」

聽到沒？那不叫做失敗，他根本沒有認為自己失敗，他是成功地發現不能做燈泡的方法。很顯然，失敗只是一種詮釋，不是一個事實。

- 失敗並不代表你就是失敗者，只代表你還沒有成功罷了。
- 失敗並不代表你無法成就任何事，只代表你又學到新的事物。
- 失敗並不代表上帝不愛你，只代表上帝還有更好的安排。
- 失敗並不代表你浪費人生，只代表擁有更豐富人生。

俗話說：「走過路過，不要錯過。」人生只有一次，有機會就該多嘗試和體驗。一個害怕犯錯的人生，像是不曾活過的生命，那就算沒犯錯，也錯過了人生。

有兩個朋友，一個很努力，一個很懶散。

懶散的常常譏笑努力的白費力氣。努力的那個，經歷了許多人生經驗，成就了大事業，可是一不小心，卻失敗了。懶散的看了，便又譏笑他：「你耗費了那麼多心血，結果還不是和我一樣，兩手空空的，什麼都沒有。」

「誰說我什麼也沒有。」

「那你還擁有什麼？」

「過去。」努力的回答。

「還提過去做什麼？過去都已經過去了。」

努力的朋友一句話也沒有再說，又重新開始經營他的事業。結果，他過去的朋友、同事看他又爬了起來，都跑去幫他的忙；再加上他過去的經驗，很快的，他又成功了。

懶散的朋友看他成功了，非常羨慕，跑來問他成功之道。他說：

「因為我有許多可貴的『過去』。」

從過去的經驗學習，也意味著從錯誤中學習。如果你受到誤導而認為自己是個「失敗者」，請重新建構你的自我形象使自己成為一位「學習者」，將失敗轉化為一份資產。那麼你每失敗一次，就離成功更近了些，不是嗎？

就像每次競選失敗過後，林肯都會激勵自己：「這不過是滑一跤而已，並不是死了爬不起來。」你必須儘早習慣，因為世上沒有人能永不失敗。快站起來繼續向前，加油！

不要怕考驗，不要怕失敗，掌握每一個機會去學習成長，不管成功與否，驀然回首都是一段精彩的故事。「凡走過必留下足跡」。生命的每一個過程、每一個際遇，只要你經驗過，就不會白過。

你怕什麼？

有人問智者：「我要如何去除內心的恐懼？」

智者說：「你如何去除自己緊抓住的東西？」

「你是說，是我抓住我的恐懼？」那個人無法苟同。

「請想想你的恐懼使你無法做什麼，你就會同意！你就會看到自己的愚蠢。」

大多數人都會感到害怕：怕高、怕黑、怕鬼、怕水、怕狗、怕蛇、怕長官或是怕上台、怕丟臉、怕受傷、怕失敗、怕被排拒、怕封閉的地方……有無數的恐懼。想要免於恐懼就必須了解心靈如何創造恐懼。

如果有人在地板上放一塊木板，要你在上面走動，每個人都可以輕鬆辦到。但是如果把同樣的木板架在兩座高樓之間，要你在上面走動，這時你的呼吸便會變得非常急速，雙腳顫抖不已，這便是恐懼。

恐懼其實什麼都不是，它只是心靈製造出來的東西。

神經語言程式學（NLP），創始人之一理察・班德勒（Richard Bandler）記述過一個案例：

一個對蛇驚慌的九歲小孩在穀倉裡玩耍，抓起一把稻草時也握住了一條蛇。男孩的恐懼很強烈，在意外後有十個月沒能好好闔眼睡覺。我與男孩會面時問他，他認為現在蛇在那裡？然後代替男孩回答：「可能在牠自己的洞裡吧！當蛇媽媽問牠為什麼不再去穀倉裡玩，牠告訴她，因為有個男孩曾經用力抓起了牠，還對牠大叫一聲，然後把牠丟下去……。」這男孩認為這件事很可笑，兩個人就一起對那蛇的愚蠢笑了。

這個饒富深意的「笑話」，在看待恐懼的問題上，為我們提供新觀點「到底是誰嚇誰呢？」大部分恐懼都是自己嚇自己。就像暗夜裡錯把繩子當作蛇一樣，一旦你走近一點就可以察覺，那不過是條繩子而已，此時不論你離它多近，也就不再害怕了。

我相信在你的人生中，也一定經歷過類似情形。你會很害怕去做某件事，並想像它恐怖的一面，但等事情結束後，你又會發現竟不是那麼困難，敵人不是別人，正是恐懼本身。

有時候，我們必須假裝自己能表現得一無懼怕的樣子。美國第二十六任總統羅斯福曾說過：「很多事我起初都很害怕，可是我假裝不害怕去做，慢慢地，我真的不害怕了。」

你也可以用這種克服恐懼的妙方。只要你表現得好像勇氣十足，你便會開始覺得勇敢起來；若這樣持續得夠久，佯裝就變成了真實，在不知不覺中，成為真正不懼的勇者。

是的，真正的勇氣並不意味完全沒有恐懼，而是儘管你明明心裡害怕，但還是去做你害怕的事，這就是去除內心恐懼最好的方法。

每天做一件自己害怕的事，讓你每一天都比昨天更勇敢！

現在把你的焦慮存貨清查一番，看看它們當中有多少是沒有道理的。

問問自己，如果不讓懼怕阻止你的腳步，你會採取什麼行動？想像一下，當你克服恐懼，你的人生可能會有什麼不同？

告訴自己：千萬不能放棄，如果放棄這一次，以後會放棄更多事，如果你不正面面對恐懼，就得一生一世躲著它。

失去，你得到什麼？

桌上有一顆蘋果，被你吃掉了，現在有幾顆？

還是一顆，桌子上的那顆現在在肚子裡。

許多人會認為吃掉就沒了，那是因為他們把焦點放在失去什麼，而沒看到自己因此得到什麼。舉一些例子：

失戀的人總認為自己失去了愛，事實上，我們失去的只是不愛的人，應該慶幸又獲得重新選擇、重新去愛的機會。換言之，如果我們跟某個人戀愛，等於放棄了所有人；如果失戀了，反而可以跟任何人談戀愛，不是嗎？

失去其實是另一種形態的得到。百般無奈失業，誰知下一份工作竟然比原本的好；身體老化讓人失落，不能像以前一樣走得又快又遠，但也因此學會放慢腳步欣賞周遭的景物，為我們開啟新視野；父母離婚、親人死亡，雖失去了美滿家庭，但也因此讓人成長最多，讓人體會自己原本擁有的幸福。

有個學生，因為母親早逝，常不自覺的陷在母親離去的傷痛裡。

「不要只看到妳失去的，」我要她想想看：「是否發現自己得到什麼？」

幾天後，她告訴我，以前她從未想過，原來在她的生命裡，不是只有「母親從小離開我的傷痛」這件事而已。而是在那同時，在她失去母愛的那一刻，他的父親一直身兼母職、任勞任怨的扶養、培育她長大。她得到的是父親全然的愛。

失去反而能讓我們發現自己擁有什麼。像前陣子日本最受歡迎的搖滾樂團「魚韻」來台開唱，主唱山口一郎右耳有神經性失聰，被問及是否影響創作，他表示雖然創作有阻礙，不過因為這樣他更信任他的團員，還有更能感受到其他人的溫暖，對他來說不是失去，反而是得到更多。

這又讓我想起一位日本老先生的故事——老先生拿了一幅祖傳的珍貴名畫上節目，要求「開運鑑定團」的專家鑑定，他說，他的父親說這是名家所價值數百萬元的寶物，他總是戰戰兢兢的保護著，由於自己不懂藝術，因而想請專家鑑定畫的價值。結果揭曉，專家認為它是贗品，連一萬日圓都不值，主持人問老先生：「你一定很難過吧？」

來自鄉下的老先生，臉上的線條卻在短短時間內變得無比柔軟，憨厚微笑道：「這樣也好。不會有人來偷，我可以安心的把它掛在客廳裡了。」

失去反而得到輕鬆自在。清朝著名的布袋和尚有一首偈——「來也布袋，去也布袋，放下布袋，何其自在。」說的就是這個意思。

我認識一位優秀的記者，當她決定「放下」新聞工作全心照顧家庭時，她的同事、親友都震驚不已。這是一個職業婦女和全職母親之間的古老問題。然而，她放棄了工作，她希望小孩放學回家時能看見媽媽，她希望家裡充滿溫馨，她想傾聽自己的心。

是的，「放下」讓她擁有想要的生活。

失去的意義在於被找到。人生從來沒有真正的失去，每一次失去都能有所獲。所以，不要只著眼於一時的失去，失戀，失業，失婚……，要從更寬闊的視野——「得到什麼？」，並學習思考得失的相對性。就像吃下肚子的蘋果，不正是真正的「得」？怎麼能說是失去呢？

要裝進新水，你就必須倒掉杯內腐敗的水；
要輕鬆自在，你就必須先放下緊握的事物。
幸福的關鍵不在於得到更多，在於你願意放棄什麼？
人生重要的不在「失去什麼」，而在「得到什麼」？

無常，發現可能

在這世界所發生的事，一切都在變化又變化。日出日落、四季遷移、潮起潮落。每個人的生命也是改變又改變：苦樂、得失、分合，順境來，逆境也會來，情人會變心，事情會變卦，沒有什麼是不變的。

無常是世界的本質，也是生命的真相。人們之所以常為無常所苦，是因為抗拒，你不想改變，但它還是發生了，心裡愈不能接受，感受到的苦就會愈嚴重。基本上，一切苦的產生不外如此。

其實，改變並沒有什麼好壞之分。從擁有到失去雖無常，但從不好變成好也是無常；今日雷雨交加，也許明日豔陽高照。我們之所以轉悲為喜、破涕為笑，不也是另一種無常？

改變是一種「可能」，或者，更精確的說，「無常就是轉變的可能」。因為改變，人才有未來，才會有轉機；因為無常，人生才充滿各種可能和希望。

鳥不能把自己塞回蛋裡，我們也不能繼續扮演舊的角色。當人們遭遇重大改變時，如戀愛、升遷、得子、意外或生離死別等，往往會產生新的人生觀，於是突然間，生命改變了。你的人生已經變了樣，從此，你的人生不再是原來的樣子，你也不再是原來的你。

記得有位心靈大師說過一段話：

「每一天都有一隻鳥，會棲息在一片廣大荒原中某一棵樹的枯枝中。有一天，一陣狂風把樹連根拔起，迫使鳥兒飛了一百哩去尋找避難所——一直到牠最後來到一座果實纍纍的森林。」

然後他總結說：「如果那棵枯樹繼續生存的話，就不會有什麼情況促使鳥兒放棄自己的安全狀態而飛離它。」

無常往往是在人生轉彎的地方，它是幫我們把原來僵化的思維及生活打破，帶你走向更寬廣的方向，發現新天地。

「發現」的英文叫 discovery，covery 是蓋子，dis 就是掀開，我們生命有許多可能，只是我們沒有發現罷了。鳥必須打破牠的殼，然後才可能變成一隻自由飛翔的鳥；種子必須拋棄防衛，冒險地進入土壤中，才可能變成一棵樹。

我們應該迎向改變，就像歡迎一個春天冒出的嫩芽、一個新生命一般。展開翅膀，然後整個天空就是你的。

面對改變，許多人之所以深陷痛苦，就是只看到外在的變化，卻忽略內在的轉變。你的生活遭遇變化，但真正要轉變的是你。

當新的你不適合舊有的生活，就是改變的時候。

Part 7 懂得接受的人沒有紛擾

每當遇到問題時，你可以自問：
「為什麼我認為這是問題？」
想想看：你有某個問題，
你為這個問題困擾，
但別人並沒有這個困擾，
這個「有問題」的人是誰？

不要先有預期

你是否曾經在參加某個宴會，欣賞某部影片，或是去某地遊玩之前，事先預期會是非常棒的經驗？結果與你預期的有很大落差，你是否失望？

大部分的人都有過類似經驗，期望越高失望往往也越大。當然，擁有期待並沒有什麼不好。有時候，因為期待使我們獲得更美好的事物。有時候我們的期待也可能落空。但我們必須弄清楚，期待終歸是期待。

譬如，有人一直嚮往義大利，希望可以坐上貢多拉船聽帥哥唱歌，到羅馬許願池附近吃冰淇淋，聽聽帶來永恆愛情的鐘聲。但是，如果真的成行，沒遇到浪漫會唱船歌的帥哥，沒吃到美味的冰淇淋，錯過教堂的鐘聲，難道你的義大利之行就不美好嗎？

有時人之所以難快樂，並非壞事發生了，而是因為事情不盡如我們的預期。

如果預期很高，不但難有驚喜，更可能大失所望。

所以，我常告訴學生：對任何事情不要有預期心理。當你完全不曉得接下來會發生什麼，那樣的話，如果事情的發展符合你的期待，你會感到驚喜；假如它們和你預期的不同，你也會驚喜。

記得有一年到宜蘭太平山，氣溫突然驟降，夜晚冷得讓人直打哆嗦，原本還懊惱來錯了日子。沒預料，隔日一早天空竟飄起雪花來，一下子成了銀白世界……。不期而遇更多了驚喜，如果你問我還會懊惱嗎？我喜歡多來幾次，那你呢？

我們無須事事順心才能快樂。下定決心，無論計畫順不順利，都要活在當下。即使旅遊因下雨而泡湯，得不到期待的升遷，沒得到渴望的讚美；即使餐廳訂不到位，沒看到日出，火車誤點，迷了路，都要好好享受那一刻。

許多年前，我曾騎著自行車出遊，到了一個風景非常美麗的山區。這時天空忽然烏雲密布，開始下起雨來。為了閃雨，我賣力地踩著自行車，往回奔馳。

回到家後，我才發現自己的愚蠢：我出來的目地是享受休閒和觀賞風景，但我卻絲毫未留意四周美景，還搞得筋疲力竭。這一場陣雨不會永遠下個不停，而且在雨霧中還可以見到許多平時看不到的景致。真搞不懂自己當時在急什麼？

人生中許多事正是如此，不管我們多緊張或多懊惱，事情還是不會變，有些狀況從來不會因為我們做了什麼而改變，我們何不放鬆心情面對？

預期的人生是一種快樂，意外的人生是另一種快樂，說不定還更加有趣。

這就是我的快樂祕訣——不管當時發生什麼，我都要好好享受那一刻。

你總是 on schedule 嗎？也許你該試著迷路……

瑞典詩人托馬斯．特蘭斯綽莫說得好：「森林身處有一塊意想不到的空地，唯有迷路的人才找得到。」

偶爾迷了路，卻意外看見美麗的景色；只要放開心，就有充滿驚奇的故事等著你。

是誰有問題？

問題是什麼？

你不介意它就不是問題，太陽不是問題，但如果你很怕曬黑，對你就是問題；小孩成績不好不是問題，但如果你很在乎成績，那麼當孩子成績不好就會有問題。

換句話說，當你不接受或抗拒某件事時，這件事就會變成問題。如果你太太喜歡家裡乾乾淨淨，而你卻總是亂糟糟，那麼你們就會有問題。樓上住戶走路聲很大，如果你不在意就沒事，如果你很困擾，就會生出種種問題。

住在學校旁，常聽到住戶抱怨：「學校廣播太大聲，學生跑跳嬉鬧的聲音好吵，房子的隔音太差。」老實說，我一點都不覺得。這不是很奇怪？我們住在同一棟大樓，難道是那些學生特別跑去干擾？因為這裡有很多住戶也沒受到干擾，也就沒有被吵的問題。

有件事大家必須了解，那就是，不管你排斥的是什麼，你所抗拒的，絕對不會消失，只會更加干擾你。鄰居會干擾你、天氣會干擾你、蚊蟲會干擾你、聲音會干擾你，甚至別人一個神眼、一句無心的話也會干擾你。

有個人想要搬家，而這已經是他今年搬第五次家了，朋友好奇地問：「住得好好的，怎麼想搬家？」

那個人抱怨說：「這裡的人，做人都很差勁，很難相處，所以想搬到其他地方。」

朋友問說：「你不是才剛搬來不久嗎？」

那個人說：「是啊！今年就搬了五次了，還是找不到適合的地方。」

朋友又問：「原因都是一樣嗎？」

那個人說：「對呀！」

朋友說：「我看你這樣搬家也是無法解決問題的。」

那個人說：「難道你有好的辦法？」

朋友說：「換了那麼多地方你都有問題，難道你沒有想過問題可能是出在你嗎？」

每當情緒產生時，你可以檢視當下這一刻的感受。當下這一刻，你的內心發生了什麼事？你看到了什麼？你會發現，一方面你看到了正在發生的事，另一方面你並不想接受那個正在發生的事，對不對？然後你的情緒就會開始受到影響，從不安、不快到發怒，甚至抓狂，干擾的強度取決於抗拒的程度。

所以，當有人問我要如何解決問題？要如何放下負面情緒？我的回答都一樣，首先你必須先停止對抗你所抗拒的事。

在你的生命中，有哪些問題曾一再地困擾著你？工作、金錢、人際相處的問題、沒水準的鄰居、討厭的上司、不受教的子女……。如果你老遇到重複的問題，你就得好好問自己了：「我在解決問題嗎？還是我就是那個問題？」

如果你花時間硬要使事物符合自己，那麼只要不合你意，就會變成問題；但若坦然接受任何當下發生的事，並且願意融入其中，那就沒有任何問題。

有人說，一個聰明的人懂得如何擺脫問題，而一個有智慧的人懂得不去捲入問題，你要做一個有智慧的人。何不從基本的地方下手？

每當發現自己在抗拒時，可以自問：「為什麼我認為這是問題？」

想想看：你有某個問題，你為這個問題困擾，但別人並沒有這個困擾，這個「有問題」的人是誰？

當問題「不再是問題」，問題也將消失不見，不是嗎？

你能控制的就是自己

這世界上的事可以分成兩種，一種是我們能掌控，一種是不能掌控的。

我想買一張股票，我要開車出門，我週末要去看日出，我想追學妹，我決定每天上健身房，這些是我能掌控的。

我買的股票會不會漲？我開車出門會不會塞車？週末會不會下雨？學妹會不會接受？每天鍛鍊能不能長命百歲？這些是我不能掌控的。

痛苦，是將快樂建築在無法掌控的事物上。

我曾問一些壓力過大的病人：他們壓力來自何處？大多數回答都是超出自己的控制範圍。包括：老闆吹毛求疵、股票起起落落、認同的候選人落選、伴侶個性多變、怕得到重病等等。但這些並不是我們能掌控的事。

所以，我們應該先了解，什麼是我們能控制，什麼是不能控制的。

我在教書和寫書，當然希望孩子能多讀書，但我不會強求。原因在於，買書是我能掌控的，但孩子讀不讀不是我能控制的。

在醫院，常聽到許多人擔心自己的病，但憂慮能改善病況嗎？當我們去看了醫生，病就交給醫生掌握，我們能控制的是自己的心情。

再如，我們都希望得到別人的愛、肯定與了解。問題是，別人是否愛你、重視和了解你，也不是我們可以掌控的。

有位女士終於「想通了」，她說：「我嫁給酗酒的丈夫，多年來一直試圖想讓他不再喝酒。我真的以為他有一天會改。

有一天晚上，他又喝得醉醺醺。我看清了一切，我無法逼他做任何他不想做的事。即使喝酒的不是我，我卻被他的酗酒問題牢牢控制。

我決定放手，讓他去做自己要做的事。事實上，他一直都是為所欲為。我讓他自由，也等於讓我自己自由，去過我自己的。」

這就對了！溫度計無法控制天氣。別人想什麼，我們控制不了；別人做什麼，我們也強求不了。你唯一能控制的是自己。

記得有個老師談到「修行到底修什麼？」，其中有一段話是這麼說的：

別人要對我產生不滿，我能不能控制他？當然不能。別人對我不好，不是我的本分，因為不是我能控制。修行就是修自己可以掌控的，如果是自己不能掌控的，那就隨他去吧！

這也是我想傳達的。把別人的問題還給別人，別把他的問題變你的問題；把老天的遺憾還給老天，別讓自己製造更多的遺憾。

單國璽樞機主教在發現自己罹患肺腺癌之後，他說：「把癌症交給醫生，把靈魂交給天主，準備把遺體留給大地，並趁著生命最後一段時光，把愛留給世人。」也因為如此，他依舊談笑風聲地四處演講，做自己想做的事。

生命有太多無法掌控和承受的事，像災難、意外、傷害、生死等等，我們都必須學會放手。就像已經坐上了飛機，所有的方向、速度、目的地，都交由機師掌控，我們無須做什麼，努力什麼，因為在機上焦躁奔忙，並不會比較快到達……何不放鬆心情，享受旅程。

在人生中大部分事情都是我們無法控制的，那我們能控制什麼？你能控制的就是自己。

我們要盡力做好的是自己能掌控的事，其餘非我們能掌控的就別操心，以免浪費心力自找麻煩。

為何失望？

你希望他能成為某個樣子，而他卻沒有，所以你說他讓你很失望。

你的失望是因為他還是老樣子，對嗎？然而，既然他沒變，你的失望是怎麼產生？你的不滿是怎麼來的？是不是因為他沒有變成你喜歡的樣子？

好，現在讓我們來想想，這個期望的人是誰？這個不滿是誰？這個失望的人又是誰？如果你曾靜下來想過，你就會明白怎麼回事——原來這都是我們自己創造出來的。你一直把期望投射到別人身上，這就是你一再失望的原因。

當然，對人有期望並沒有什麼不對。但我們必須弄清楚，這期待是「你的」，而不是「他的」，沒有人有義務配合或滿足你。

「因為愛他，才會希望他變得更好，難道有錯嗎？」一直以來人們就是這樣弄錯的，他們以為改變對方是因為愛，這真是很大的誤解。如果有人一直想改變你，你會覺得「被愛」嗎？

在猶太民族有一則廣為流傳的故事。一名少年坐在那裡，吃著剛煮好的雞。他轉身向他的老師說：「我真愛雞！」老師笑著回答：「如果你真心愛雞，你就會關心牠們，而非殺掉又吃掉牠們。你愛的其實是自己，是雞為你帶來的好處。」

人們所謂的愛，都是愛自己所愛，而不是對方所愛。所以當對方做了你不愛的，不符合你期待的，你就生氣，你就不愛了，這哪是愛？你愛的其實是自己。

真正愛一個人，是愛他本來的樣子，而不是試圖把他改造成你喜歡的樣子。如果你愛這個人，你會接受他的全部，連他的缺點都接受，因為那些缺點也是他的一部分，不是嗎？

真愛從來不會受傷害，會受傷害的是錯誤的期待。所以，任何時候當你覺得失望受挫，別忘了問自己：這個痛苦是怎麼來的？是不是因為我的期待造成的？能放下嗎？

你越能覺察自己的期待，就越能看到問題出在哪裡。當你開始接受對方原本的樣子，而不是希望你的樣子，你的心很快就會平靜下來。一旦你能夠放下期望，不再嘗試改變對方，彼此就會愈來愈滿意。

我們不該怪別人讓我們失望，別人只是表露出他們本來的樣子。現在問題在你，你是否接受那樣的他，或者你保留你的愛直到他們變成你想要的樣子？

愛上幻象

每一段愛情都終止於希望的幻滅，難道你沒有發覺到，每一段感情走到最後都讓自己陷入悲傷和沮喪，還帶著一種被欺騙的感覺？

為什麼會覺得被騙？因為當你喜歡一個人的時候，你很容易美化，想像對方的優點，你對這個男人或女人所創造出來的意象是虛假的，當你以著迷的眼光想像對方時，當然無法看清真相。

幾年前，我去拜訪一位朋友。他愛上了一個女人。他開口閉口都是她，說她就是他的夢中情人，於是兩人決定攜手共度一生。

婚後一年，我再度拜訪時，才知兩人已貌合神離，形同陌路。他對她滿懷憤怒說道：「我真是看走眼才會愛上她！」他繼續指責、抱怨。

聽他吐露完苦水後，我告訴他：「你並沒有愛上她，你愛上的是你內心投射出來的幻象。你幻想她是你的夢中情人，才會產生這種錯覺。」

我們總以為自己愛錯了人，那又弄錯了。其實，你愛的並不是那個人，你愛的是想像中的人。你心中早已想好一個劇本，被你愛上的人就必須配合演出，對方演得好，你就覺得幸福得意；若演不好，甚至不願配合演出，你就認為愛錯人。

如同《亂世佳人》中，郝思嘉說的：「我愛上自己一手編造的東西。我縫製了一件衣裳，並愛上了它。當衛希禮出現時，我把那件衣裳硬往他身上套，不論合身與否。我不願看他真實的模樣，我愛的一直是那件漂亮衣裳，根本不是他本人。」

當夢醒時分，失望在所難免。然而希望的幻滅，也是清醒之際。我們會說：「好可憐，他的幻想破滅了。」那是不對的，好像知道真相是什麼壞事似的。其實我們該說：「好慶幸，他的幻想破滅了。」

如果你因為錯愛而自怨自艾，驅散你的自憐吧！你的愛並沒有錯，你愛錯的其實是自己迷戀的幻覺。會被騙的，終究來說都是幻覺。

我們從不去看對方真正的樣子，不去看眼前的真相，誰能滿足你的想像？

如果你不再去創造那些「幻象」，你的心就會平靜下來，你將發現，其實是你不斷騙自己。

為什麼我要讓自己不快樂？

我心情不好都是某人或某件事造成的。你是否經常這麼說呢？

一位讀者寫信來問：「我老婆常惹我生氣……為什麼她總是讓我不快樂？有什麼方法改善嗎？」

其實，答案就在問題裡。過得不快樂的人自己要負責任，但不快樂的人從未負起過責任，那正是他們一直不快樂的原因。

我聽過無數悲劇的人生故事，他們全都是「受害者」的各式版本。我的伴侶、我的父母、我的子女、我的同事……「做了什麼事情，使我氣惱。」「是她讓我不痛快」、「是他傷了我的心」之類的話。

由於我們以為自己的情緒是受外在的人事物所支配，所以，我們也很容易被別人影響。對方要是順你的意，你就高興，要是他們不順呢，你就惱怒，這就是為什麼心情總是起伏不定。當你認為某人應該對你的快樂負責，你已給予對方控制你的權力。

但是，別人怎麼能左右你的心情？難道他們的頭腦能跟你的腦袋連線不成？就算他們真能做到，難道你不會關機嗎？

記住，我們是自己腦中唯一的思考者。這是首先必須了解的。你不可能因為別人做了什麼而使你生氣，你的生氣是來自你自己的腦子，你個人對這件事情的詮釋和反應，而不是來自別人的語言和行為。

你生氣，也不是因為老婆很差勁，她或許只是為你的生氣提供場景而已。如果不是她，你照舊會生氣，只是換成其他對象，或為了其他事而生氣。當你說：「想到我就氣」、「我越想越火」的時候，便可以很清楚地知道是誰製造怒氣了。

沒有人能強迫我們去想任何事，你的老闆無法命令你，仇敵也辦不到。同樣的，別人的想法是由他們自己製造的，你無法要求別人怎麼想，別人的快樂也不是你的責任。一旦你意識到這一點，便知道繼續為自己的想法而惱怒、困擾、難過或沮喪是很愚蠢的。

所以，不快樂的人應該自問：「為什麼我要讓自己不快樂？」而不是問：「為什麼別人讓我不快樂？」快樂是你自己的責任。

人們常誤解：「承認一切由自己負責，不就等於承認自己是錯的？」事實不然，責怪是往後看，注意過去的不愉快，「他做了……」或「她如何如何……」指責讓我們成了無力的受害者，這樣只會讓自己覺得憤忿不平，心情更糟而已。負責是則是往前看，「現在起我該怎麼做？」，或者「我能做些什麼來使這件事有所不同？」這是拿回我們的力量。

當你愈不怪別人，就會發現自己愈有力量，也愈快樂。這是我多年來的體悟。

當你認為別人害你不快樂，你就很難快樂，因為錯在別人，
你有什麼辦法呢？
當你把自己的負面情緒都歸咎於其他人或其他事件所造成，
等於要他們負責終結我們的負面情緒，這不是很可笑嗎？

Part 8

懂得遺忘的人 雨過天晴

昨天的苦已事過境遷，
明天的苦尚未到來，
當下要過什麼樣的人生，
要怎麼活是你自己可以決定。
你還要繼續陷在那裡嗎？

如何解心頭之恨？

一位讀者寫信來說，她被欺騙感情：「我非常恨他，真的很想報仇……這一個怨恨在我心裡有一段時間了，我還是無法忘掉，要怎麼消除心中的怨恨呢？」

的確，遺忘並不容易。我們的心寧可相信只有恨他、羞辱他、報復他，這樣至少能讓自己好過一點。然而卻沒有看清，怨恨往往會比你怨恨的對象傷你更深。

只要你一直盯著過去不放，一直思索報復之道，就會陷在自己所凝集的恨意中無法自拔。你不過是在懲罰自己，而不是在報復他。

在網路讀到一篇短文，覺得深富啟發，與大家分享：

在盧梭二十二歲那年的訂婚宴上，他的未婚妻愛麗爾卻牽著另一個男人的手，對他說：「對不起，我愛上別人了。」

呆若木雞的盧梭，在親戚朋友詫異的目光中無地自容。這是莫大的羞辱！

經過良久的思索後，盧梭決定離開這個讓他傷心的家鄉，開始了流浪生涯，從瑞士到德國，再到法國……他發誓將來一定要風風光光地重返故地，找回自己丟失的尊嚴。

三十年後，盧梭回來了，雖然兩鬢斑白，但他已經是當時著名的文學家和思想家。

有位老朋友問他：「你還記得愛麗爾嗎？」

「當然記得，她差一點做了我的新娘。」盧梭微笑著回答，一臉的輕鬆。

老朋友：「這些年來，她一直生活在貧困潦倒之中，靠親戚的救濟艱難度日。上帝懲罰了她對你的背叛！」

盧梭：「我很難過，上帝不應該懲罰她。我這裡還有一些錢，請你轉交給她，不要告訴她是我給的，以免她認為我是在羞辱她而拒絕接受。」

「你真的對她沒有絲毫怨恨嗎？當年，她可是讓你丟盡了臉啊！」

盧梭：「如果我提著一袋死老鼠去見你，那一路上聞著臭味的不是你，而是我。怨恨是一袋死老鼠，最好把它丟得遠遠的。如果我怨恨她，那這些年我豈不是一直生活在怨恨之中，得不到快樂？」

多麼有智慧的一席話。如果你能不讓怨恨遮蔽智慧，你會發現，那些最難原諒的人，正是你最需要原諒的人。

有人無法寬恕，是因為他們認為原諒就是赦免傷害人的行為。事實上，你的原諒跟別人無關，完全是跟你自己有關。想想看：當你覺得受到傷害時，你在心裡重播那情景多少次？那麼是誰傷你比較多？

如果你真想報復，請牢記愛爾蘭劇作家奧斯卡．王爾德的話：「不在乎，活得快樂，就是最好的報復。」報復不是懷恨、謾罵、氣憤，而是把這些當作動力，讓自己過得比以前更好、更開心，讓自己更成功。如同洛克斐勒所說：「你的強大，就是對他最好的羞辱，是打在他臉上最響的耳光。」這才是最好的報復。明白嗎？

寬恕首先要學會的第一件事，是先學會愛自己。如果你一時無法原諒別人，沒關係，請先將眼光放在愛自己。

想想看，如果你的心裡充滿了怨恨，還有空間容下愛和快樂嗎？

過了就算了

我掉了一隻鞋子在河流裡，明天我回到這裡，我說這是讓我掉鞋子的河，事實上，那一條河早已經不一樣了，那些水也不是昨天的水，但是我卻說這是我掉鞋的地方，為什麼會這樣呢？因為這河流看起來都一樣。

昨天某個人批評你、侮辱你，今天他出現在你面前，你會怎麼樣？你會怒目相向，還是平和以對？

如果你的印象還留在昨天，你當然不會給他好臉色，但是今天他也許變了，或許他已經知錯，他也許想跟你重修舊好，而你卻怒氣沖沖，你不斷地被昨天、被過去所影響，你就無法看見此時此刻的他。

有一個人來到佛陀前，極盡所能地辱罵他；佛陀靜靜地聽他說完。隔天，他感到很內疚，便去道歉。佛陀說：「忘掉這整件事，因為我不再是你羞辱的那個人，你也不再是相同的人。」

佛陀的門徒阿難坐在一旁，說：「師父，就是這個人，他如此過分地辱罵你，惡意中傷你。我的心至今仍感到傷害，我不可能原諒他！」

佛陀說：「阿難，難道你看不出來這根本不是同一個人？作天的那個人怒不可遏地辱罵，而這個人正在道歉，他們怎麼可能是相同的人？」

佛陀很清楚，這個人不再一樣了，那個憤怒已然消散，過去已經過去。

你現在臉上有汙點，我看到了，隔天你把汙點去掉了，我還看到汙點，請問汙點在那裡？汙點已然不在你的臉上，而是在我的心上，對嗎？

在我們的生命中，也一再發生類似的事。我們都有過不愉快或慘痛的經驗，我們的舊愛、親友、家人曾讓我們傷心過，在工作上曾受辱過。也許是上個星期、上個月，或者十年前有人傷害了我們。然而，此時此刻，那個人在哪裡呢？他們還相同嗎？事件現在又在哪裡呢？

有兩位和尚穿過一座森林，來到湍急的河邊，此時，有一名身體虛弱的女子，因無法渡河而坐在岸邊。於是其中一位和尚挽著女子，帶她涉水而過，然後繼續他們的行程。

趕了幾小時的路程之後，另一位和尚突然發脾氣問道：「你怎麼能做這種事呢？你知道去牽女性是犯了戒律。」

他的同伴笑了，溫和地回答：「我只是牽她一下而已，而且在幾個鐘頭前就放手了，但你卻到現在還沒放下她。」

「沒有過不去的事情，只有過不去的心情。」想想看，那個人和那件事都已「成為過去」，你現在為什麼還憤恨依舊，甚至越陷越深？真正的原因是你跟自己「過不去」，對嗎？

人生就像流水，已去之人不可留，已逝之情不可戀，已過去的事就過去了。所以，過了就算了吧！

過去的傷害已經過去，當下要過什麼樣的人生，要怎麼活是
你自己可以決定。你還要繼續陷在那裡嗎？

受苦多久，由你決定

相信許多人都聽過「時間可以治癒一切傷口」這句話。

如果我生氣了，我就要花時間來平息怒氣；如果我心情不好，我需要時間來調適；如果我受傷，我就要更多時間來療傷……。時間果真可以治癒我們？

事實上，時間本身並不會治療傷口，時間並沒有療癒功能，能幫助我們終結傷痛的，其實是自己——也許時間讓我們變得不同，也可能是想法和觀點變了。

我們之所以需要時間，那是因為每當問題發生時，我們總是太入戲，總是那麼的激動、憤恨、痛苦，整個人好像著魔似的，根本沒有空間讓自己冷卻下來，所以時間是需要的。

但是，如果我們能當下就釋懷，如果能在事件發生不久就看開，就把它放下呢？那就不需要時間了。

我看過很多例子，有太多人陷在傷痛已經好長一段日子，但他們的心仍然是痛苦的，他們相信自己無法放下。「你不了解，如果在我身上發生的事也發生在你身上，你才能了解。但是你就是不明白。」即使你想幫助他們，他們依然緊抓痛苦不放。

是時間問題？還是意願問題？請大家好好的想想，時間真能改變什麼嗎？只要看看那些老是哀怨，看看那些已七、八十歲的人，你就明白了。時間有沒有改變他們？

所以，關鍵就在自己。如果你真的想要，那就沒有時間的問題，你現在就可以放下，一個片刻都不必浪費。但是如果你認為你需要更多時間，你就會耗費更多時間，同時也會受更多苦。

印度哲人克里希那穆提說：「要轉變，當下即是，是不需要時間的。」當你把光亮帶進黑暗的房間時，黑暗是一點一點離開的嗎？早上先離開一部分，中午再一部分，是這樣嗎？當然不是，當光進來時，黑暗立刻就消失不見。轉變是剎那之間的事，任何的每一秒都為我們開放著、我們都可以立刻轉變。

你是唯一能決定自己要受苦多久的人。

要放下痛苦不是能不能，而是願不願意的問題。
並沒有任何枷鎖把你捆綁住，是你自己緊抓著枷鎖不放，這才是問題所在。

想太多

我們活在現在，活在當下這一刻，但我們的心卻擺盪於過去與未來之間。不是追悔過去的事、為了以前的遭遇憤恨難平，就是為了尚未到的事擔心。我們忽略了現在，那即是人們經常不快樂的原因。

去瞧瞧你的心，看看你花多少時間在過去和未來的事，你注意到嗎？你所憂愁煩惱、你擔心害怕的，不都是尚未到來的事？而你氣憤懊悔，你傷心痛苦的，不都是以前的事？

不久前，有個婦人告訴我，她先生以前對她做的事情，她愈說愈氣。我問她：「妳先生現在在哪裡呢？」「他在上班。」「妳的傷害，你們的不愉快，又在哪裡？」過去已過去，過去曾傷害我們的事物，現在並沒有傷害我們。

而未來呢，是我們無法應付，因為它還沒到來，甚至不會到來。常有病人抱怨：「心裡很煩，常常為了工作和孩子的事操心，或煩惱一些白天發生的事情，搞得晚上睡不著。」

煩惱和憂慮都是反覆去想不會發生或無法改變的事，這都是想太多了。你可以回想一下，你憂慮煩惱的事，最後曾因你的憂愁而變好嗎？

古代禪師開示弟子的修行之道：「吃飯時吃飯，睡覺時睡覺。」道理即在這裡。如果你無法好好吃飯，你將無法好好睡覺。當你一邊吃東西，一邊想別的事，你睡覺時也會百般煩惱。結果你該休息，沒休息到，該工作的時候，又想東想西……你看出其中的問題嗎？

如果你總是身在心不在，你無法全然投入，無法放鬆享受，這樣又怎麼可能快樂？

有個年輕人過得很不快樂，於是他離開故鄉，千里迢迢去請教一位智者。年輕人對智者說：「我一直無法快樂，您能幫我想辦法嗎？」

「這問題確實不容易，要想出答案，可能需要一段時間。」智者說：「但我計畫要重砌倒塌的圍牆，恐怕沒時間靜下心來思考。」

「大師，修補圍牆的事就交給我吧！您只要專注思考我的問題就好！」年輕人說。

智者答應了，於是年輕人開始挑磚頭、拌水泥，每天忙得渾身痠痛。最後好不容易終於把牆砌好。他興奮地對智者說：「我把工作完成了！」

智者笑說：「你不是說自己無法快樂？但你現在不是很快樂嗎？」

年輕人愣住了。接著他問智者：「請問大師，我為什麼會感到快樂？」

「砌圍牆的時候，你在想什麼？」智者反問。

「我什麼都沒想，只是想砌好牆壁。」年輕人說。

這就對了！

你可以回想以前，然後陷入不快樂；你可以想著以後，然後陷入不快樂。可是在此時此刻，你能夠想現在嗎？能思考現在嗎？試試看，那是不可能的。活在當下，就不可能不快樂。

常有人問說：「我總是想太多，老想一些不快樂的事，有什麼辦法改善嗎？」

很簡單，只要把心放在當下，放在你正在做的事、物及相處的人，全然融入其中，快樂便不請自來。

昨天的苦已事過境遷，明天的苦尚未到來，其餘都是我們加諸自己的負擔。

此時此刻有任何讓你苦惱的問題嗎？有什麼哀傷和掛礙的事正在發生嗎？

把昨天的一切煩惱拋開，不用擔心明天，明天自己會安排好它自己，因為你擁有今天。

把自己，交給上天

今天我要提出一個在心態上的小變化，它可以徹底改變你的生命，那就是：「把自己，交給上天。」這看似很小的轉變，效果卻十分驚人，它會徹底轉化你的心情，改寫人生。

為什麼？因為當你把自己託付給上天，你將接受事物的本質，不再預期和控制，你將不再患得患失，不會隨著事情的好壞而有所起伏。

要怎麼把自己交出來？首先你必須先信任上天。你有沒有注意過，有一個力量在運作這個世界，每個星球能夠按照一定的軌道轉動，四季的變化，鳥兒遷徙，楓葉轉紅，一顆種籽知道要在什麼時候發芽……一切都是上天的安排，你相信嗎？

現在注意一下你的呼吸、心跳，沒有你的控制，它們還是照常進行。這是你在運作的嗎？不，這並非由你所主導，如果呼吸、心跳交由你掌控，你根本不可能存活下來，因為你隨時會忘了這回事。與別人吵架的時候，你會記得呼吸嗎？晚上睡覺，你會記得心跳嗎？

那麼你的人生又是怎麼回事呢？它又是怎麼運作的？

耶穌說：「如果神會照顧著風中鳥兒、動物、野獸、草木和星期天，那你還擔心什麼？難道祂不會照顧你嗎？」

也許你正等待一份好姻緣，也許你正等待升遷，也許你想擺脫債務，或者也許你正等待戰勝病魔。將自己放開來，信任上蒼的安排。既然大自然的一切都是如此睿智的安排，我們必須相信，每一件發生在我們身上的經歷和事件，都將指向一個更加廣大、完美的計劃。

有人可能感到疑惑：「我遇到很多麻煩，還發生意外，這不會是上天刻意安排吧。」是的，也許上天意在使你從中學習功課，推動你往前，讓你成長，提升你對困境的抗壓性。或者，讓你學會自助與幫助別人。

請大家不妨回想一下，周遭是否有人在經歷某些事件之後，生命似乎產生了重大轉變，一切豁然開朗，全然改觀？

有些事情，也許沒有依照你預期的發展，也許似乎變得更糟。但你真的知道什麼是好事，什麼是壞事嗎？以塞翁失馬的例子，一開始認為的悲劇，也得到後來才知道是禍是福。所以，不要判斷，也不要去譴責，因為你不知道事情為何發生，也不知道它會帶來什麼樣的結果。

基督徒喜歡將一切「交給主」，學佛的人相信「隨緣」，以及我所謂的「託付給上天」，原因就在這裡。

高靈伊曼紐之《宇宙逍遙遊》中有段話說得好：「沒有一顆心，當它的安全被保證時，不立刻開放的。」你越早交出自己，也越能身心安頓。

當你不知該怎麼做的時候，你可以這樣問：「上帝希望我怎麼做？」做自己所能做的，其餘的事就不要再想。

當你無力控制生命中的不確定時，你要學會放手。借用詩人徐志摩的話：「盡之在我，成之在天。」當你已經盡力，其餘就交給老天安排吧！

此事亦將會過去

很喜歡派特生（Grove Patrerson）一篇名為〈橋下的流水〉的文章：

有一個小男孩……斜靠在一座橋的欄杆上，望着橋下的流水，一會兒有一塊樹幹流過，一會兒則是一小根樹枝、木片流過；有時是一片樹葉流過。不論是什麼東西浮在水上，水面總是依然平順。這水或許已經從這橋下流過數百年、數千年，甚至數百萬年了，有時水流湍急，有時流速轉慢，但是河水依然綿綿不絕，日復一日地流過橋下。

那一日注視著橋下的流水，讓這個男孩得到一個重大的啟示。突然之間，他領悟到在我們人生中所經歷的每一件事，都會像橋下的流水一樣，緩緩流逝，不留一點痕跡。

男孩遂對「橋下的流水」這幾個字特別的鍾愛。從此以後，這幾個字就一直陪着他，支持着他通過人生的重重考驗。

回頭看看你的人生，你聽了一些話，經歷了某些事，曾經哀傷，也曾歡度快樂時光；曾經憤怒、歡喜、流淚、大笑……不管多少個曾經，一切都過去了，不是嗎？

加薪、買新車、同事的讚美，讓我們愉悅，但很快的，我們的心情又回復；同樣的，受到批評、車子刮傷、身體不適讓我們心情低落，但過了幾天，我們又復原。

前一刻事事順利，而下一刻卻困難重重，人生總起起落落。很多現在讓你痛苦的人事物，過去也曾讓你熱烈渴望；現在讓你歡喜的，也許未來卻讓你傷痛不已。看看花開花落，或許感傷，但我們知道不久花兒一樣會開、會落。一切都是來來去去。

未來會如何？隔幾天，會變得怎麼樣？你最多不過是笑笑跳跳，要不然就是失望流淚，那又如何？一切都會過去的。生命的遭遇猶如水中的浮草、花瓣、枯枝，終究會在時間的河流中飄到遠方。

所羅門王便將「此事亦將會過去。」這句話刻在他的戒指上，以隨時提醒他珍惜好時光，並安然度過不好的處境。

人要學習的是以平常心看待。因為知道無常，便曉得成敗得失來來去去，苦不會是永遠的苦，樂也不會是永遠的樂，都只是暫時的現象。就因為短暫，平常就該珍惜，而當無常到來也能以平常看待。

你正失意嗎？難過嗎？灰心嗎？記住，那都只是「橋下的流水」。沒有永留不去的黑夜，也沒有永不到來的白天；當愁霧散去，又是清澈明淨，此事亦將會過去。

當人生陷入困難阻礙，懷憂喪志時，把它們想像成一根樹枝，一片片枯葉，掉到河中，看著河水有什麼改變？

就算有改變又怎麼樣？最後都會順流而下，一切都會過去的。

高寶書版集團
gobooks.com.tw

HL 055
懂得轉彎，當然無處不歡
作　　者　何權峰
書系主編　蘇芳毓
編　　輯　黃芷琳
排　　版　趙小芳
美術編輯　黃鳳君
出　　版　英屬維京群島商高寶國際有限公司台灣分公司
Global Group Holdings, Ltd.
地　　址　台北市內湖區洲子街88號3樓
網　　址　gobooks.com.tw
電　　話　(02) 27992788
電　　郵　readers@gobooks.com.tw（讀者服務部）
pr@gobooks.com.tw（公關諮詢部）
傳　　真　出版部 (02) 27990909　行銷部 (02) 27993088
郵政劃撥　19394552
戶　　名　英屬維京群島商高寶國際有限公司台灣分公司
發　　行　希代多媒體書版股份有限公司/Printed in Taiwan
初版日期　2014年6月

國家圖書館出版品預行編目(CIP)資料

懂得轉彎，當然無處不歡 / 何權峰著
-- 初版. -- 臺北市：高寶國際出版：
希代多媒體發行, 2014.6
面；　公分. -- (生活勵志；HL055)

ISBN 978-986-361-011-3(平裝)
1. 修身　2. 生活指導
192.1　　　103008639